_______________ 드림

I LOVE 아이 도시락

아들 편

I LOVE 아이 도시락

초판 1쇄 인쇄 2015년 5월 7일
초판 1쇄 발행 2015년 5월 14일

지은이 김보연

발행인 장상진
발행처 (주)경향비피
등록번호 제2012-000228호
등록일자 2012년 7월 2일

주소 서울시 영등포구 양평동 2가 37-1번지 동아프라임밸리 507-508호
전화 1644-5613 | **팩스** 02) 304-5613

ISBN 978-89-6952-074-6 14590
978-89-6952-076-0(SET)

· 값은 표지에 있습니다.
· 파본은 구입하신 서점에서 바꿔드립니다.

I LOVE 아이 도시락

김보연 지음

아들 편

내 아이
인기짱 만드는
캐릭터 도시락
레시피 31

경향BP

Prologue

큰아이가 유치원에 들어가면서부터 만들기 시작한
도시락이 벌써 5년째가 되었습니다.
캐릭터 도시락을 만들기 시작한 계기는 아들이 다니는 유치원에서
한 달에 한 번씩 소풍을 가기 때문이었습니다.

큰아이는 입이 짧고 편식이 심해서 유치원에서 나오는 급식도 언제나
반 이상을 남기는 편이었습니다. 그래서 도시락을 만들면서도 걱정이 많이 되었어요.
아들은 11월생이어서 막내에 속하고 또래에 비해 체격도 작은데
"유치원 가방 메고 점심까지 제대로 못 먹고 걸으면 얼마나 힘이 들까?" 하고
안쓰러운 생각이 들더라고요. 그래서 궁리 끝에 생각한 것이 아들이 좋아할
캐릭터로 도시락을 만들자는 것이었습니다.

처음으로 만든 캐릭터 도시락은 손에 익숙하지 않아
시간도 많이 걸리고 구성하는 데도 꽤 고생을 했습니다.
그런데 소풍에서 돌아온 아들의 첫마디가
"엄마 도시락 최고였어! 친구들이 부러워했어."였습니다.

소식과 편식이 심하던 아들이 도시락을 깨끗이 비운 걸 보니
시간과 정성 모든 게 아깝지 않았어요. 그렇게 서툰 솜씨로 만든 캐릭터 도시락이지만
입 짧고 잘 안 먹는 아들이 도시락을 싹싹 비우는 계기가 되었습니다.
또 활달히 움직이기는 하지만 아이들과 소통하는 데 조금은 소심한 우리 아이에게
친구들과 자연스럽게 어울리는 계기를 만들어 주었습니다.

그 후로 아들의 성화에 일주일에 한 번, 일주일에 세 번씩 도시락을 만들었고,
지금은 작년에 유치원에 들어간 딸을 위해 캐릭터 도시락을 만들고 있습니다.
첫아이가 아들이어서 만들던 캐릭터가 다 남자아이 위주였는데, 둘째는 딸이라서 그런지
또 좋아하는 테마가 달라서 여자아이 맞춤형 도시락을 만들고 있습니다.
그동안의 경험을 토대로 남자아이가 좋아하는 테마, 여자아이가 좋아하는 테마로 나누어
캐릭터 도시락을 소개하게 되었습니다. 남자아이 편에는 자동차 · 공룡 · 비행기 등,
여자아이 편에는 공주 · 핑크 등 사랑스러운 테마를 위주로 구성했습니다.

도시락을 만드는 건 시간도 정성도 많이 드는 작업이라 생각합니다.
더구나 캐릭터 도시락이라면 더욱더 그렇지요. 하지만 깨끗이 비운 도시락을 가지고 돌아와
"엄마 도시락이 최고~!"라고 말해 주는 아이의 밝은 얼굴에 힘을 얻어
앞으로도 계속 만들어 보려 합니다.

여러분도 하루가 다르게 폭풍 성장하는 아이들,
그중에서 가장 사랑스러운 유년기에 추억으로 남을 도시락을 만들어 보세요.
엄마의 작은 정성과 사랑만 있다면 어렵지 않습니다.
그렇게 아이와의 소중한 추억을 하나 더 만드는 데 이 도시락 책이 조금이라도
도움이 되었으면 하는 바람입니다.
마지막으로 이 책이 나올 수 있게 힘이 되어 주신 여러분과
출판사 관계자들께 감사의 말씀을 드립니다.

김보연

Contents

2장 동물 캐릭터 도시락

3장 씩씩한 도시락

4장 테마가 있는 도시락

HOW TO LUNCH BOX TOOL

도시락 만들기 재료와 도구

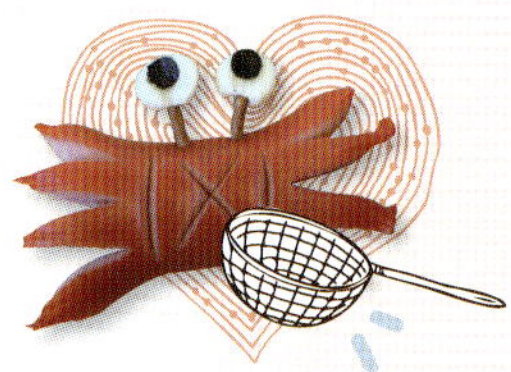

상상력이 풍부한 아이들은 애니메이션 캐릭터, 동화 속 주인공, 귀여운 동물,
예쁜 꽃 등을 보면 얼굴에 행복하고 순수한 마음을 그대로 드러내곤 합니다.
아이들이 좋아하는 테마로 정성이 가득한 도시락을 준비해 보세요.
아이에게는 또 하나의 행복한 추억이 새겨질 거예요.
시작하기 전에 많이 쓰이는 도구들을 점검하고 미리 준비해 두시면 언제든지 바로바로 만들 수 있어요.

작은 가위와 모양 가위

김이나 슬라이스 햄 등 얇은 재료를 자르는 데 사용한다.
손톱용 가위는 캐릭터의 눈썹이나 입 등 곡선을 자르는 데 유용하게 쓸 수 있다.

유산지(오븐 시트)와 유성매직

캐릭터 그림을 그리는 데 사용한다. 유산지에 직접 그려도 되고,
프린트한 이미지 위에 유산지를 올리고 베껴도 된다.

작은 칼과 커터

재료들을 작게 자르는 데는 작은 칼이 편리하다.
공작용 나이프는 김으로 세밀한 부분을 자를 때 사용한다.

핀셋과 나무 이쑤시개

캐릭터를 완성한 다음에 도시락에 세팅을 할 때 핀셋을 이용하면 편리하다.
손에 묻히지 않고 붙일 수 있어 위생적이다. 나무 이쑤시개는 슬라이스 치즈를 자를 때 사용한다.

작은 쿠키 틀과 모양 틀

채소나 슬라이스 치즈, 슬라이스 햄 등으로 모양을 찍어낼 데 사용한다.
간단하고, 빠르게 일정한 모양의 귀여운 캐릭터를 만들 수 있다.

김펀치

김펀치를 사용하면 특히 캐릭터의 얼굴을 표현할 때 간단히 만들 수 있다.
사용 후에는 깨끗하게 씻어 물기를 말려 사용한다.

빨대

여러 가지 크기의 빨대를 짧게 잘라서 사용한다.
원형뿐만 아니라, 손으로 눌러 타형을 만들거나, 핀셋으로 한쪽 끝을 집어 물방울 모양을 만들거나 해서 다양하게 응용할 수 있다.

실리콘 컵, 유산지 컵

여러 가지 색상의 실리콘 컵이나 유산지 컵은 반찬이나 주먹밥을 넣을 때 사용한다.
반찬이 섞이지 않게 하고 예쁜 색상의 컵을 이용하면 도시락 전체 분위기가 화사해진다.

예쁜 유산지

반찬의 칸막이나 샌드위치를 쌀 때 사용한다.

여러 가지 픽

평범한 반찬도 픽을 사용하면 귀엽고 특별해진다.
도시락의 분위기에 따라서 색과 모양을 선택하면 좋다.

수제 픽

마스킹 테이프나 스티커를 이용해서 간단하게 예쁜 수제 픽을 만들면
하나밖에 없는 특별한 도시락이 완성된다.

보냉 팩

캐릭터 도시락을 만들 때는 치즈를 사용하는 경우가 많은데, 날이 더울 때는 음식이 상하는 것도 막고
캐릭터가 녹아내리는 걸 방지하기 위해 보냉 팩을 사용하면 좋다.

튀긴 스파게티 면

캐릭터의 각 부분을 연결하거나 고정할 때 사용한다.
동물의 수염 등을 표현할 때도 적당한 길이로 잘라 꽂아 주기만 하면 된다.

김밥용 구운 김

캐릭터의 눈, 코, 입. 머리카락 등 여러 가지를 표현하는 데 자주 사용한다.
김밥용 구운 김을 사용해야 빈틈이 적다.
적당한 크기로 잘라서 밀폐 용기에 담아 두고 사용하면 편리하다.

HOW TO LUNCH BOX TOOL

용도에 따른 도시락의 종류

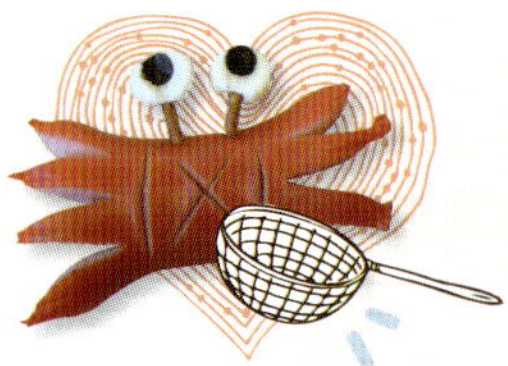

캐릭터 도시락을 만들 때는 아이들이 좋아할 캐릭터와 테마도 중요하지만,
그에 알맞은 도시락을 선택하는 것도 중요합니다.
어떤 도시락을 사용하는지에 따라 아이의 만족도는 2배로 높아질 거예요.

남아용 플라스틱 도시락

남자아이들이 좋아하는 캐릭터와 색상의 도시락이다. 양은 꽉 차게 넣는 것보다 조금 모자란 듯 넣어서 깨끗이 비울 수 있게 하는 것이 좋다. 아이도 성취감을 느껴 음식을 남기지 않는 습관을 들이는 데 도움이 된다.

여아용 플라스틱 도시락

여자아이들이 좋아하는 캐릭터로 만들어진 플라스틱 도시락이다. 좋아하는 용기에 담아 주는 것만으로도 아이들의 먹으려는 욕구를 북돋을 수 있다.

2단 도시락

밥과 반찬을 각각 다른 칸에 담을 수 있어 음식이 서로 섞이지 않는 장점이 있다. 나이가 어린 아이들은 열고 닫기가 좀 힘이 들 수 있다.

나무 도시락

음식의 수분을 흡수해 주어 밥이 질척해지거나, 음식이 금세 상하지 않게 하는 효과가 있다. 뚜껑에 귀여운 그림이 그려 있는 어린이용을 사용하면 아이들 기분도 한껏 업 된다.

스테인리스, 알루미늄 도시락

음식 냄새나 색이 배지 않는 장점이 있다. 겨울 등에는 온장고에 넣어 보온할 수 있다.

샌드위치용 플라스틱 도시락

통풍이 잘되고 깊이가 있어 샌드위치를 예쁘게 담을 수 있는 샌드위치 전용 도시락이다. 사용하지 않을 때는 접으면 1cm 안팎의 두께가 되어 보관하기도 편하다.

대나무 바구니 도시락

깊이가 있고 통풍성이 있어 주로 샌드위치나 주먹밥을 넣는다. 음식이 직접 도시락에 닿지 않게 유산지 등을 깔아서 사용하면 좋다.

삼각 주먹밥용 도시락

삼각 주먹밥 1개를 간단히 담을 수 있는 도시락이다. 다른 음식과 섞일 염려가 없고 모양을 예쁘게 유지할 수 있다.

HOW TO LUNCH BOX RECIPE

여러 가지 달걀말이

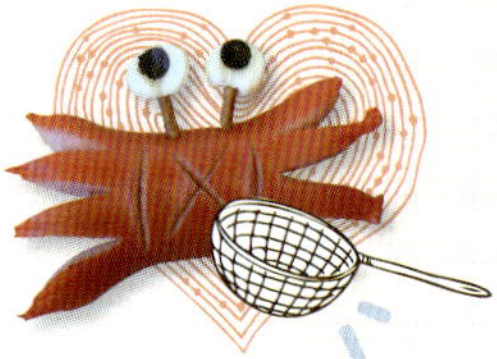

남녀노소 누구나 좋아하는 반찬을 꼽으라면 '달걀말이'가 아닐까요?
그만큼 식탁에서 인기가 많은 반찬인 만큼 만드는 법이나 함께 넣는 부재료도 무궁무진합니다.
나머지 반찬과 영양 균형을 고려해서 다양한 재료를 넣어서 시도해 보세요.
아이의 취향을 우선으로 생각을 해야겠지만, 간혹 아이들이 싫어하는 재료를 살짝 섞어 넣어도
눈치채지 못할 거예요.

달콤한 달걀말이

달걀 2개, 간장 1/2작은술
설탕 2/3큰술, 소금 적당량,
식용유 적당량

1. 모든 재료를 함께 잘 섞는다. 고운 색과 부드러운 질감을 내려면 체에 한번 밭친다.
2. 프라이팬에 기름을 두르고 달걀물을 3번에 나누어 넣어 돌돌 말아준다.

톳 참치 달걀말이

달걀 2개, 참치캔 60g,
건조 톳 4~5g, 마요네즈 1큰술, 소금 적당량,
식용유 적당량

1. 참치 캔을 따서 기름은 체에 거른다.
2. 참치와 모든 재료를 함께 섞는다.
3. 프라이팬에 기름을 두르고 달걀물을 3번에 나누어 넣어 돌돌 말아준다

김 달걀말이

달걀 2개, 가쓰오부시 다시(가다랑어포 맛국물) 2작은술
김 1장, 소금 적당량, 식용유 적당량

1. 달걀과 가다랑어포 맛국물을 함께 넣고 소금으로 간을 해서 잘 섞는다.
2. 프라이팬에 기름을 두르고 달걀물의 1/3을 붓고 반숙 상태가 되면 김을 넣어 돌돌 말아준다.
3. 같은 방법으로 나머지 달걀물을 2번에 나누어 넣고 말아준다.

참조 : **만능 가쓰오부시 다시(가다랑어포 맛국물) 만들기**

물 2L, 가쓰오부시(가다랑어포) 40g, 다시마 10cm(4~5g),
간장 1큰술, 소금 1/2큰술

① 냄비에 물을 붓고 다시마와 가쓰오부시를 넣고 끓인다.
② 물이 끓어오르면 불을 끄고 소금과 간장을 넣고 뚜껑을 닫는다.
③ 식으면 가쓰오부시와 다시마를 건져내고 밀폐 용기에 담아 냉장 보관한다.

명란젓 참나물 달걀말이

달걀 2개, 참나물 2큰술,
명란젓 2작은술, 맛술 1/2작은술,
가쓰오부시 다시(가다랑어포 맛국물) 1작은술
소금 적당량, 식용유 적당량

1. 참나물은 끓는 물에 삶아서 잘게 썬다.
2. 명란젓은 껍질을 벗기고 가볍게 풀어 놓는다.
3. 기름을 제외한 모든 재료를 함께 섞는다.
4. 프라이팬에 기름을 두르고 달걀물을 3번에 나누어 넣어 돌돌 말아준다.

닭고기 소보로 달걀말이

달걀 2개, 닭 소보로 2큰술, 맛술 1작은술
소금 적당량, 식용유 적당량

1. 식용유를 제외한 모든 재료를 함께 잘 섞는다.
2. 프라이팬에 기름을 두르고 달걀물을 3번에 나누어 넣어 돌돌 말아준다.

참조 : **닭고기 소보로 만들기**

–

다진 닭고기 250g, 가쓰오부시 다시(가다랑어포 맛국물) 2큰술, 물 1큰술, 청주 1큰술, 맛술 1큰술, 설탕 2작은술

–

① 다진 닭고기와 모든 재료를 냄비에 넣고 중불에서 젓가락으로 저어준다.

② 국물이 줄어들 때까지 잘 볶는다.

–

tip 어린이 비빔밥이나 볶음밥, 김밥 등 여러 가지에 활용할 수 있어요.

게맛살 달걀말이

달걀 2개, 게맛살 1 1/2개, 소금 적당량
후춧가루 조금 , 간장 1/2작은술

1. 달걀을 잘 풀어준다.
2. 게맛살은 찢어서 3~4cm 길이로 자른다.
3. 재료를 함께 넣고 잘 섞는다.
4. 프라이팬에 기름을 넣고 달군 뒤 달걀물을 3번에 나누어 넣어 말아준다.

미역 치즈 달걀말이

달걀 2개, 미역 1 1/2큰술, 소금 적당량
후춧가루 적당량, 슬라이스 치즈 1장,
올리브유 적당량

1. 미역은 불려서 잘게 자른다.
2. 미역에 달걀, 소금, 후춧가루를 넣고 잘 섞는다.
3. 프라이팬에 올리브유를 두르고 달걀물의 1/3을 넣어 어느 정도 익으면 치즈를 잘게 찢어 넣어 돌돌 말아준다
4. 같은 방법으로 나머지 달걀물을 2번에 나누어 넣고 말아준다.

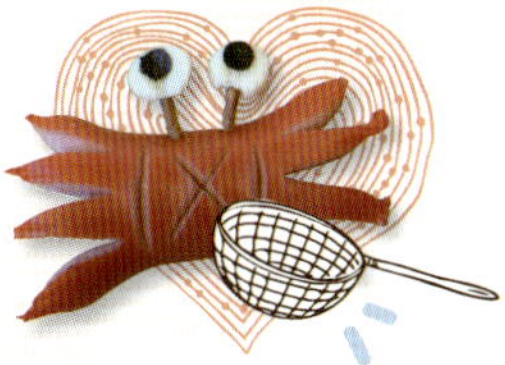

HOW TO LUNCH BOX RECIPE

소시지로 캐릭터 만들기

소시지는 모양이 다양하고 쉽게 부서지지 않아 칼이나 가위를 이용해서

원하는 형태를 만들기에 매우 좋은 재료입니다.

여러 가지 동물, 캐릭터, 테마 등을 만들 때 응용해 보세요.

사슴벌레

길쭉한 소시지 1/2개, 동그란 소시지 1/2개, 슬라이스 치즈 조금, 김 조금, 튀긴 스파게티 면 1가닥, 빨대

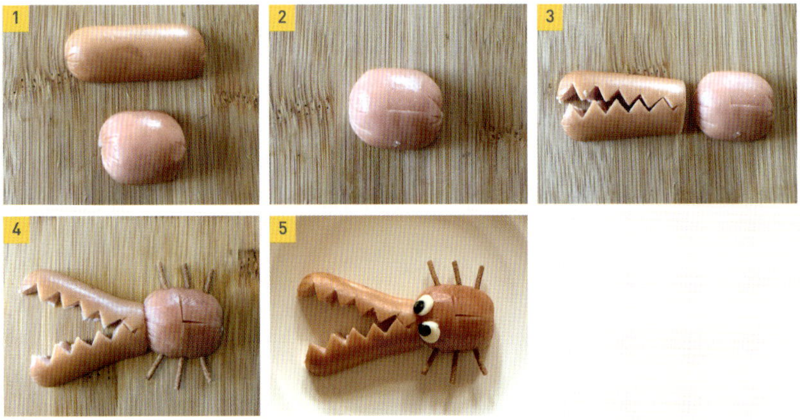

1. 동그란 소시지와 길쭉한 소시지를 세로로 반을 자른다.
2. 몸통이 될 동그란 소시지는 등이 될 부분에 T자로 칼집을 넣어 등 무늬를 표현한다.
3. 길쭉한 소시지는 지그재그 무늬가 나오게 잘라 집게발을 표현하고, 2와 3을 끓는 물에 살짝 데친다.
4. 집게발과 몸통을 튀긴 스파게티 면으로 고정하고 스파게티 면을 적당한 길이로 잘라 다리를 만든다.
5. 빨대로 슬라이스 치즈를 찍어 눈을 만들고, 김으로 눈동자를 표현한다.

리락쿠마

동그란 소시지 1/2개, 어린이용 슬라이스 치즈 조금, 슬라이스 체더치즈 조금, 김 조금, 마요네즈 조금, 빨대(또는 모양 틀) 3개(크기가 다른 것)

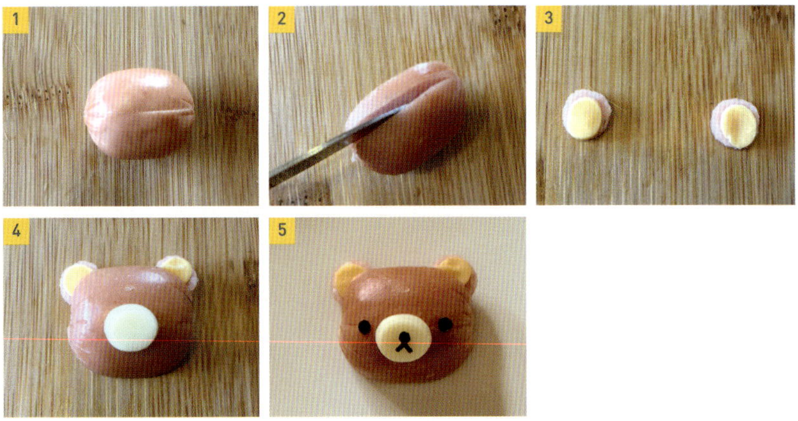

1. 동그란 소시지를 세로로 반을 자른다.
2. 반으로 가른 소시지에 사진과 같이 5mm 정도 깊이로 칼집을 넣는다.
3. 남은 소시지를 얇게 자르고, 빨대로 찍어서 귀를 만든다. 조금 더 작은 빨대로 슬라이스 체더치즈를 동그랗게 찍어 귀 안쪽에 겹쳐 붙인다.
4. 소시지의 칼집에 귀를 끼워 넣는다. 크기가 큰 빨대로 슬라이스 치즈를 찍어내 얼굴 가운데에 붙인다.
5. 김으로 눈 · 코 · 입을 만들어 붙인다. 마요네즈를 살짝 바르면 김이 잘 붙는다.

하트 펭귄 공주

비엔나소시지 1/2개, 슬라이스 치즈 조금, 김 조금, 마요네즈 조금, 빨대(타원형 틀) 1개(큰 것)

1. 비엔나소시지는 세로로 반을 자른다.
2. 한쪽 끝의 둥근 부분을 잘라낸다.
3. 소시지의 자른 부분이 아래를 향하게 놓고, 양쪽에 비스듬히 칼집을 넣어 날개를 만든다. 끓는 물에 살짝 데친다.
4. 빨대로 슬라이스 치즈를 찍어내 얼굴 가운데에 붙인다.
5. 김으로 눈과 부리를 표현하고 왕관을 만들어 붙인다. 김을 붙일 때는 마요네즈를 살짝 바르면 잘 붙는다. 하트 모양으로 슬라이스 치즈를 잘라 배 부분을 표현한다.

꽃 모양

비엔나소시지 1개, 큰 빨대(또는 모양 틀)

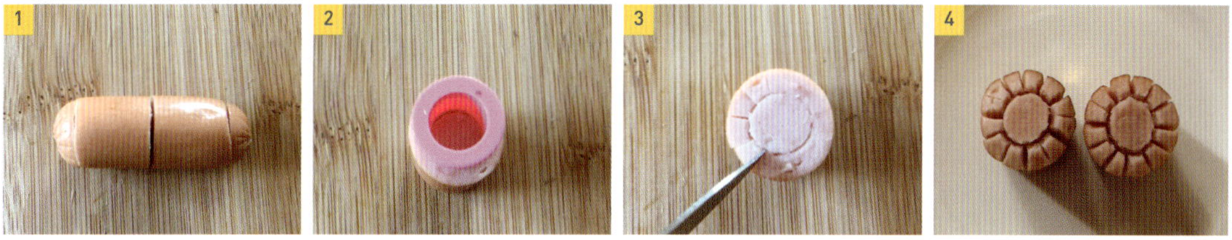

1. 소시지는 반으로 자르고 둥그런 양쪽 끝도 자른다.
2. 소시지의 단면이 보이게 놓고, 소시지 지름보다 5mm 정도 작은 원형 틀로 눌러 자국을 낸다.
3. 모양 틀로 누른 테두리를 따라 일정한 간격으로 칼집을 넣어 꽃잎을 표현한다.
4. 소시지를 끓는 물에 살짝 데친다. 이 밖에 별, 하트 등 여러 가지로 만들 수 있다.

잉어

비엔나소시지 1개, 김 조금, 마요네즈 조금, 빨대 2개(크기가 다른 것), 슬라이스 치즈 조금

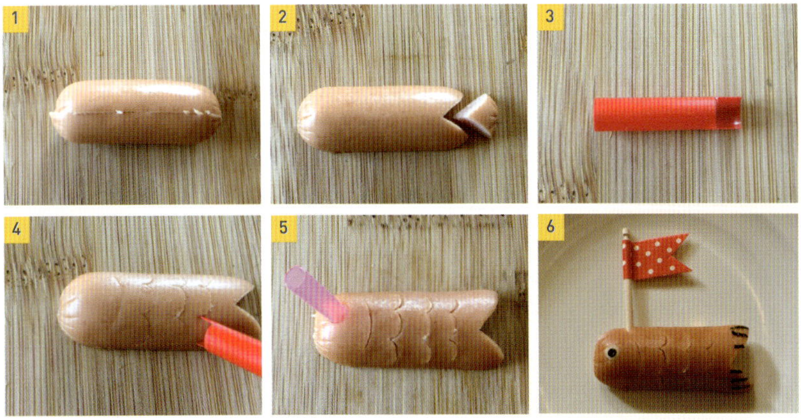

1. 소시지는 세로로 반을 자른다.
2. 한쪽 끝을 V자로 파내서 꼬리 모양을 만든다.
3. 빨대를 1cm 정도 반으로 잘라 반달 모양이 되게 만든다.
4. 반달 모양 빨대를 이용해서 몸통에 비늘 무늬가 생기도록 찍는다.
5. 작은 빨대로 찍어 눈의 위치를 5mm 깊이로 파내고, 같은 빨대로 슬라이스 치즈를 찍어내 도려낸다. 소시지를 끓는 물에 넣고 살짝 데친 뒤, 잘라 둔 치즈를 눈 위치에 끼워넣는다.
6. 김으로 눈동자와 꼬리지느러미를 만들어 붙인다. 김을 붙일 때는 마요네즈를 살짝 바르면 잘 붙는다.

토끼

비엔나소시지 1개, 김 조금, 당근 조금, 튀긴 스파게티 면 1가닥, 빨대, 마요네즈 조금

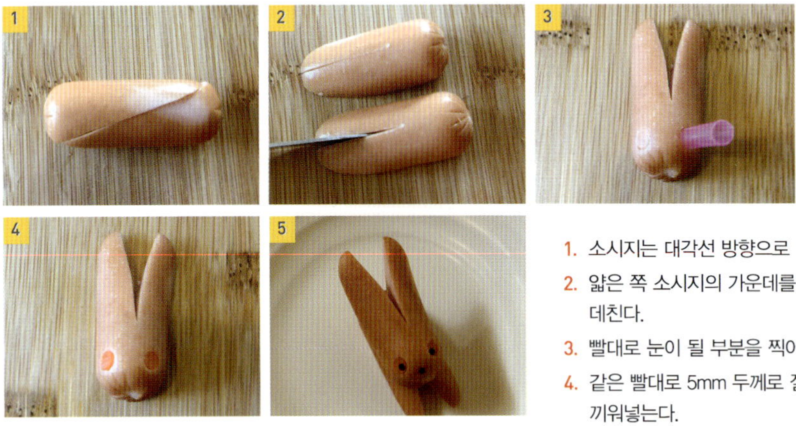

1. 소시지는 대각선 방향으로 반으로 자른다.
2. 얇은 쪽 소시지의 가운데를 잘라 귀를 만들고, 끓는 물에 살짝 데친다.
3. 빨대로 눈이 될 부분을 찍이 5mm 깊이 정도로 피낸다.
4. 같은 빨대로 5mm 두께로 잘라 데친 당근을 찍어서 눈 위치에 끼워넣는다.
5. 남은 소시지 반쪽의 갈라진 부분이 앞으로 오게 하고 토끼 얼굴을 위에 올린다. 튀긴 스파게티 면으로 소시지를 고정하고, 김으로 눈동자와 코를 표현한다.

루돌프

비엔나소시지 1/2개, 슬라이스 치즈 조금, 당근 조금, 김 조금, 빨대 2개(크기가 다른 것)

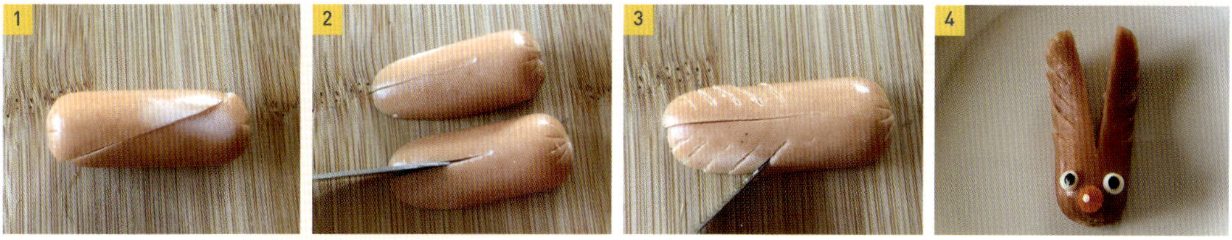

1. 소시지는 대각선 방향으로 반을 자른다.
2. 얇은 쪽 소시지의 가운데를 잘라 귀를 만든다.
3. 귀의 바깥쪽을 빗살 모양으로 좁은 간격으로 자르고, 끓는 물에 데친다.
4. 작은 빨대로 슬라이스 치즈를 찍어 눈을 만들고, 김으로 조금 작은 크기의 눈동자를 만들어 붙인다. 당근을 얇게 잘라 끓는 물에 데치고 큰 빨대로 찍어 빨간 코를 만들고, 슬라이스 치즈를 작게 잘라 코 한쪽에 붙이면 반짝이는 코가 된다.

토토로

동그란 소시지 1개, 슬라이스 치즈 조금, 김 조금, 빨대, 둥근 틀, 마요네즈 조금

1. 동그란 소시지는 세로로 반을 자른다.
2. 토토로의 배가 될 부분을 동그란 틀로 눌러 소시지 껍데기를 떼어낸다.
3. 눈이 될 부분을 빨대로 눌러 5mm 깊이 정도 파내고, 같은 빨대로 슬라이스 치즈를 찍어 넣는다.
4. 토토로의 머리 꼭대기에 칼집을 넣어 귀를 끼워넣을 수 있게 준비한다.
5. 배 부분의 떼어낸 소시지 껍데기를 이용해서 귀를 만들고, 머리 꼭대기에 끼워넣는다.
6. 모양 틀로 슬라이스 치즈를 배 크기에 맞춰 잘라서 끼워넣는다.
7. 눈 · 코 · 배 무늬를 김으로 표현한다

HOW TO LUNCH BOX RECIPE

자주 사용하는 반찬

각 도시락은 메인 캐릭터와 테마 외에 1~2개의 반찬을 함께 넣었습니다. 반찬은 취향에 따라 얼마든지 바꿔서 조합해도 괜찮습니다. 미리 만들어 두고 먹을 수 있는 밑반찬을 모아서 정리했습니다.

당근 버터 조림

당근 1개, 물 1 1/2컵, 설탕 3큰술
버터 2큰술, 소금 적당량

1. 당근은 껍질을 벗겨 1cm 두께로 자른 뒤 단면의 모서리를 매끄럽게 굴려서 다듬는다.
2. 냄비에 당근이 잠길 정도의 물을 붓고 당근과 설탕을 넣고 강불에서 한소끔 끓으면 약불로 바꿔 당근이 익을 때까지 끓인다.
3. 버터와 소금을 넣고 저으면서 국물이 없어질 때까지 졸인다.

고구마 오렌지 꿀조림

고구마 1개, 오렌지주스(100퍼센트) 200ml
꿀 2큰술, 레몬즙 1/2작은술, 소금 조금

1. 고구마는 잘 씻어서 1cm 두께로 자른 뒤 15분 정도 물에 담갔다가 꺼낸다.
2. 냄비에 고구마와 오렌지주스, 꿀, 레몬즙, 소금을 넣고 끓인다.
3. 한소끔 끓어오르면 약불로 줄이고 뚜껑을 덮고 익을 때까지 졸인다.

달콤한 콩조림

건조 강남콩(또는 검은 콩) 250g, 물 1리터
황설탕 200g, 소금 1/2작은술, 간장 1작은술

1. 콩은 씻어 4배의 물을 넣고 하룻밤 동안 불린다.
2. 콩을 센불에서 끓인다. 한소끔 끓으면 물을 한 번 버린다.
3. 다시 냄비에 물을 붓고 강불에서 한소끔 끓으면 중약불로 줄여서 30분 정도 삶는다.
4. 콩이 적당히 부드러워지면 물을 콩 위로 2cm 정도만 남기고 버린 뒤 황설탕, 소금, 간장을 넣고 가볍게 섞는다.
5. 키친타월에 구멍을 몇 개 뚫어 덮은 뒤 중약불에서 20분 정도 졸인다.

달콤한 콩조림

계란 10개, *조림장(마늘 5쪽, 다시마 2조각,
말린 표고버섯 2개, 가쓰오부시(가다랑어포) 1줌, 간장 5큰술,
물 2컵, 설탕 1큰술, 매실청(또는 올리고당) 1큰술)

1. 계란은 굴려가며 삶아 껍데기를 벗긴다.
2. 조림장 재료를 모두 넣고 끓인다.
3. 조림장에 계란을 넣고 한소끔 파르르 끓인 뒤 불을 끄고 식혀 냉장고에서 보관한다.

버섯 올리브유조림

모둠 버섯 450g, 마늘 4쪽, 소금 1작은술
통후추 조금, 올리브유 7큰술

1. 버섯은 이물질 등을 털어내고 기둥을 잘라내고, 먹기 좋게 3cm 크기 정도로 잘라 준비한다.
2. 마늘은 잘게 다진다.
3. 프라이팬에 올리브유를 두르고 달군 뒤 마늘을 넣고 볶다가 살짝 갈색을 띠면 손질한 버섯을 넣고 2~3분 볶는다.
4. 소금, 통후추로 간을 하고 전체적으로 기름이 돌면 뚜껑을 닫고 약불에서 5분 정도 익힌다.
5. 보존 용기에 담아 식으면 냉장고에 넣어 보관한다.

고구마 견과류뭉치

고구마 1개(200g), 슬라이스 치즈 1장, 견과류 1큰술
버터 20g, 설탕 2작은술, 꿀 1작은술

1. 고구마는 껍질을 벗겨 한입 크기로 썬다.
2. 견과류는 잘게 다진다.
3. 냄비에 고구마가 잠길 정도로 물을 붓고 고구마를 익힌다.
4. 고구마가 뜨거울 때 으깨어 견과류, 버터, 설탕, 꿀을 넣고 잘 섞는다.
5. 슬라이스 치즈를 손으로 찢어 넣고 한 번 더 버무린다.
6. 8등분해서 비닐 랩에 싸서 동그랗게 뭉친다. 식혀서 냉장고에 보관한다.

토마토 마카로니 샐러드

마카로니 150g, 냉동 혼합 채소(믹스 베지터블) 2큰술
토마토소스 2큰술, 후춧가루 조금, 올리브유 조금

1. 마카로니는 삶는다.
2. 냉동 혼합 채소는 끓는 물에 살짝 데친다.
3. 프라이팬에 올리브유를 두르고 토마토소스를 넣고 한소끔 끓인다.
4. 마카로니와 혼합 채소의 물기를 제거하고 토마토소스에 넣어 버무린다. 소금, 후춧가루로 간을 한다.
5. 조금씩 나누어 냉동 보관한다.

단호박 치즈뭉치

단호박 200g(1/8개), 크림치즈 20g, 설탕 3큰술
버터 20g, 계핏가루 조금

1. 단호박은 씨를 빼고 껍질까지 한입 크기로 잘라 내열용기에 넣어 뚜껑을 덮고 전자레인지에서 3분 정도 가열한다.
2. 단호박이 뜨거울 때 으깨어 설탕, 버터, 계핏가루를 넣고 잘 섞는다.
3. 크림치즈를 잘게 잘라 한 번 더 섞는다.
4. 8등분해서 1개씩 비닐 랩에 싸서 동그랗게 뭉친다. 식혀서 냉장고에 보관한다.

시금치 팽이버섯 나물

시금치 1단 (200g), 팽이버섯 1/2봉지, 소금 적당량
간장 2작은술, 깨소금 2작은술, 참기름 1큰술

1. 팽이버섯은 밑동을 잘라내어 길이를 반으로 자른다.
2. 시금치는 뿌리를 자르고 깨끗이 씻어 4cm 길이로 자른다.
3. 끓는 물에 팽이버섯을 살짝 데쳐 체에 밭친다.
4. 팽이버섯 삶은 물에 소금을 넣고 시금치를 데쳐 물기를 꼭 짠다.
5. 팽이버섯과 시금치를 함께 섞고 간장, 깨소금, 참기름을 넣고 버무린 뒤 소금으로 간을 한다.

시금치 깨무침

시금치 1단(200g), 깨소금 1큰술, 설탕 1작은술, 간장 1작은술

1. 시금치는 뿌리를 자르고 4cm 길이로 자른 뒤 끓는 물에 소금을 넣고 데친다.
2. 체에 밭쳐 물기를 꼭 짠다.
3. 시금치에 깨소금, 설탕, 간장을 넣고 무친다.

채소 두부 버무림

두부 1/3모(100g), 시금치 1/2단(100g), 당근 20g
설탕 2작은술, 간장 1큰술, 깨소금 1 1/2큰술

1. 두부는 체에 밭쳐 물기를 뺀다.
2. 시금치는 살짝 데쳐서 물기를 꼭 짜 2cm 길이로 자른다.
3. 당근은 얇게 썰어 데친 뒤 물기를 닦고 채썰기 한다.
4. 두부를 으깬 뒤 설탕, 간장, 깨소금을 넣어 잘 섞은 뒤 시금치와 당근을 넣어 버무린다.

안 매운 오이무침

*오이 소금 절이기(오이 1개, 물 1/2컵, 소금 1작은술)
다진 파 1/2큰술, 깨 1작은술, 참기름 1작은술, 소금 조금

1. 오이 절이기 ⓐ 오이는 얇게 자른다. ⓑ 물에 소금을 잘 녹여서 오이를 넣고 15분 정도 절인다. ⓒ 오이의 물기를 꼭 짠다.
2. 오이와 다진 파, 깨, 참기름을 넣고 버무리고, 소금으로 간을 한다.

감자 채소 샐러드

감자 1개, 당근 30g, 오이 1/4개, 슬라이스 햄 2장
마요네즈 1큰술, 설탕 1작은술, 소금 조금, 후춧가루 조금

1. 감자는 잘 씻어서 4등분한다. 전자레인지에 넣고 4~5분 동안 부드러워질 때까지 익힌다.
2. 당근은 세로로 반을 자르고 다시 반을 잘라 부채 모양으로 잘라서 살짝 데친다.
3. 오이는 5mm 두께로 잘라서 소금에 살짝 절여 물기를 꼭 짠다.
4. 슬라이스 햄은 먹기 좋은 크기로 자른다.
5. 감자가 뜨거울 때 으깨어 소금, 후춧가루, 설탕으로 간을 한다.
6. 감자가 미지근할 정도로 식으면 오이, 당근, 잘게 자른 슬라이스 햄, 마요네즈를 넣어 잘 버무린다.

1장

애니메이션 캐릭터 도시락

01

요괴 워치 지바냥

만드는 재료

사각 유부 2장
밥 1공기
슬라이스 치즈 1장
슬라이스 체더치즈 1장
김 조금
슬라이스 햄 조금
튀긴 스파게티 면 조금

메뉴

오징어볶음
미역 달걀말이
시금치무침

오징어볶음

1 오징어는 내장을 빼고 손질해 가로세로 1cm 크기로 자른다.

2 양념장 재료를 섞는다.

3 오징어에 양념장을 넣고 무친다.

4 프라이팬에 기름을 두르고, 물기가 없어지도록 자작하게 굽는다.

오징어 2마리(작은 것), 식용유 약간
*양념장(다진마늘 2작은술, 생강즙 1/2작은술, 고추장 1큰술, 올리고당 1큰술, 맛술 1큰술, 간장 1큰술, 소금 적당량, 후춧가루 적당량)

tip 재료 중에 2가지 색의 치즈가 필요할 때는 우윳빛 슬라이스 치즈(어린이용), 노란빛 슬라이스 체더치즈를 사용했습니다.

1 유산지에 지바냥의 얼굴을 그리고 테두리를 따라 자른다. 슬라이스 치즈 위에 지바냥 얼굴 그림을 올리고 모양대로 자른다.

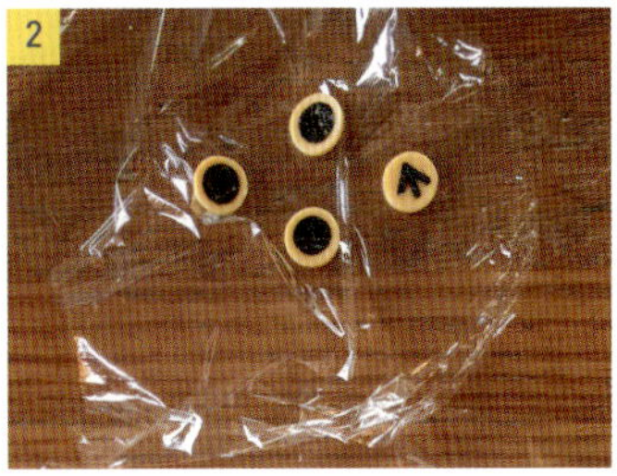

2 체더치즈를 동그랗게 잘라 눈을 만들고, 좀 더 작은 크기로 김으로 까만 눈동자를 만들어 붙인다.

3 김으로 입과 코를 만든다.

4 유부에 밥을 넣어 도시락에 넣는다. 밥은 취향에 따라 간을 해도 좋다.

5 준비한 얼굴을 올린다.

6 얼굴에 눈 · 코 · 입을 붙이고, 슬라이스 햄을 잘라서 귀와 입을 만든다. 귀 부분이 움직이지 않게 튀긴 스파게티 면을 꽂아 고정한다.

미역 달걀말이

1 물에 불린 미역을 잘게 자른다.

2 미역과 나머지 재료를 모두 넣고 골고루 섞는다.

3 프라이팬에 기름을 두르고 달걀물을 3번에 나누어 부어 달걀말이를 만든다.

달걀 2개, 건미역 10g, 간장 1/2작은술, 소금 조금, 과립 가쓰오부시 다시(맛국물) 조금, 참기름 적당량

02

포켓몬스터 피카츄

만드는 재료

슬라이스 체더치즈 2장
슬라이스 치즈 조금
슬라이스 햄 2장
김 조금
게맛살 조금

우엉 김밥

1 우엉 볶음
 a 우엉을 가늘게 채 썰어 물에 담가 두었다가 물기를 빼 둔다.
 b 달군 냄비에 기름을 두르고 우엉을 넣어 볶다가 간장, 설탕, 맛술을 넣고 국물이 자작해질 때까지 볶는다.
 c 마지막으로 물엿을 넣고 한 번 더 볶은 뒤 통깨를 뿌린다.

2 밥은 고슬고슬하게 지어 참기름, 소금, 검은깨를 뿌려 삼삼하게 밑간을 한다.

3 달걀은 지단을 부쳐 길게 4줄로 자른다.

4 게맛살은 길게 반으로 자르고, 오이는 길게 4등분하여 가운데 씨 부분을 잘라내고, 소금을 솔솔 뿌려 살짝 절인다.

5 당근은 가늘게 채 썰어 참기름, 소금을 넣어 볶고, 김밥용 햄은 프라이팬에 굽는다.

6 모든 재료가 준비되면 김발 위에 김을 얹고, 밥을 골고루 펴 준 뒤에 재료들을 가운데에 가지런히 놓고 단단하게 말아준다.

밥 4그릇, 김밥용 김 4장, 김밥용 햄 4줄, 달걀 1개, 게맛살 2줄, 오이 1개, 당근 1개,
*우엉 볶음(우엉 2뿌리, 간장 2큰술, 설탕 1큰술, 맛술 1큰술, 물엿 1큰술, 참기름 1큰술, 통깨 적당량)

메뉴

우엉 김밥
관자 튀김
과일

tip 재료 중에 2가지 색의 치즈가 필요할 때는 우윳빛 슬라이스 치즈(어린이용), 노란빛 슬라이스 체더치즈를 사용했습니다.

유산지에 피카츄를 그려서 테두리를 따라 자른다. 그림을 체더치즈 위에 올리고 이쑤시개로 모양을 따라서 자른다.

슬라이스 햄 2장을 자연스럽게 연결하고, 그 위에 1을 올린다.

얼굴과 꼬리 그림을 체더치즈 위에 올리고 이쑤시개로 모양을 따라 자른다.

2의 몸통 위에 얼굴과 꼬리를 올린다.

김으로 눈, 코, 입, 귀 끝부분, 몸통 줄무늬 모양을 만들어 붙인다.

슬라이스 치즈로 안쪽 눈동자, 슬라이스 햄으로 혀, 게맛살로 볼연지를 표현한다.

모양이 완성되면 피카츄 테두리를 따라 슬라이스 햄을 잘라낸다.

관자 튀김

1. 관자는 불순물을 깨끗하게 씻은 뒤, 키친타월 등에 싸서 물기를 완전히 닦는다.
2. 관자에 소금, 후춧가루를 뿌린 뒤 밀가루, 달걀, 빵가루 순으로 묻히고 170도 기름에서 바삭하게 튀긴다.
3. 기호에 따라 타르타르소스 등을 준비한다.

관자 8개, 소금 적당량, 후춧가루 적당량, 밀가루 적당량, 달걀 1개, 빵가루 적당량

03

토마스

메뉴

돼지고기 양배추 햄버거

당근 볶음

부드러운 달걀말이

만드는 재료

밥 1공기

김 1/2장

슬라이스 치즈 1장

비엔나소시지 1개

돼지고기 양배추 햄버거

1 양파와 양배추는 잘게 다진다.

2 돼지고기에 1과 양념 재료를 모두 넣어 잘 뭉치도록 치댄다.

3 먹기 좋은 크기로 둥글납작하게 빚어 프라이팬에 기름을 두르지 않은 상태에서 중약불로 굽는다. 한쪽 면이 노릇해지면 뒤집어서 뚜껑을 덮고 약불로 익힌다.

재료(2인분)

다진 돼지고기 160g, 양배추 100g, 양파 60g, *양념(맛술(청주) 1큰술, 허브 소금 적당량, 후춧가루 조금, 전분 1/2큰술)

tip • '토마스' 주먹밥의 밑간은 취향에 따라 해 주세요.

• '햄버거'는 한입 크기로 만들면 먹기 좋아요. 기호에 따라 시판 햄버거 소스나 토마토케첩 등을 곁들여서 드세요.

• '햄버거' 재료인 다진 돼지고기를 구울 때는 기름을 넣지 않아도 자체에서 나오는 기름으로 충분합니다.

1 유산지에 토마스의 얼굴을 그리고 테두리를 따라 자른다.

2 슬라이스 치즈 위에 그림을 올리고 얼굴 모양대로 자르고, 눈도 만든다. 김으로 까만 눈동자도 만든다.

3 김 위에 그림을 올리고 눈썹, 코, 입을 모양 따라 자른다.

4 얼굴

a 밥에 취향대로 주먹밥 속재료를 넣고 비닐 랩에 싸서 둥글납작한 주먹밥을 만든다.
b 주먹밥 전체가 싸질 정도의 크기로 김을 준비하고 4군데 모서리에는 칼집을 넣으면 동그란 밥을 싸기 쉽다.
c 김 위에 밥을 올려 밥이 보이지 않게 잘 싸서, 비닐 랩으로 다시 싸서 놔둔다.

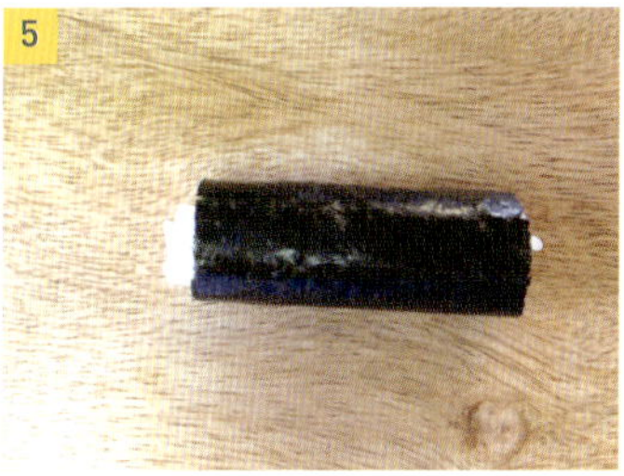

5 김에 밥을 싸서 동그란 기차 연통을 만든다.

6 4 위에 2의 얼굴과 눈을 올리고, 3의 코, 입을 붙인다.

7 비엔나소시지를 반으로 잘라 얼굴 아래에 놓고, 김으로 무늬를 만들어 붙인다.

당근 볶음

1 당근을 채썰기 하여 내열 용기에 담아 설탕을 뿌리고 뚜껑을 덮어 전자레인지에서 1분 동안 익힌다.
2 당근에 간장과 참기름을 넣고 무친 뒤 뚜껑을 덮어 다시 전자레인지에 1분 동안 가열한다.
3 통깨를 뿌려 마무리한다.

당근 30g, 설탕 1작은술, 간장 1작은술, 참기름 조금, 통깨 조금

04

로보카폴리 로이

메뉴

미니 미트로프
감자 베이컨 볶음
당근 버터 구이

만드는 재료

슬라이스 치즈 1장
슬라이스 체더치즈 1장
김 1/4장
게맛살 1개
밥 1공기
토마토케첩 적당량

미니 미트로프

1 메추리알은 삶아서 껍질을 까고, 브로콜리는 소금을 넣은 물에 살짝 데친다.

2 다진 고기에 양념 재료를 모두 넣고 끈기가 생길 때가지 충분히 치댄다.

3 미트로프를 작게 뭉쳐 메추리알 1개와 브로콜리 1송이를 넣고 재료가 보이지 않게 잘 싸준다.

4 프라이팬에 올리브유를 두르고 미트로프를 넣어 뚜껑을 덮고 약불에서 잘 익힌다.

다진 혼합육(돼지고기+소고기) 80g, 메추리알 2개, 브로콜리 2송이(작은 것), 올리브유 조금, *양념(다진 양파 2큰술, 빵가루 2큰술, 우유 2큰술, 소금 조금, 후춧가루 조금)

tip • '로이' 캐릭터 부분은 전날 미리 만들어 비닐 랩에 싸서 냉장 보관했다가 사용해도 좋습니다.

• 캐릭터를 장식할 때는 밥의 온기가 살짝 남아 있을 때 올려 주면 떨어지지 않아요.

• 재료 중에 2가지 색의 치즈가 필요할 때는 우윳빛 슬라이스 치즈(어린이용), 노란빛 슬라이스 체더치즈를 사용했습니다.

1 유산지에 로이를 2개 그리고 테두리를 따라 자른다.

2 1장의 그림은 모자, 얼굴, 라이트, 범퍼를 각각 자른다.

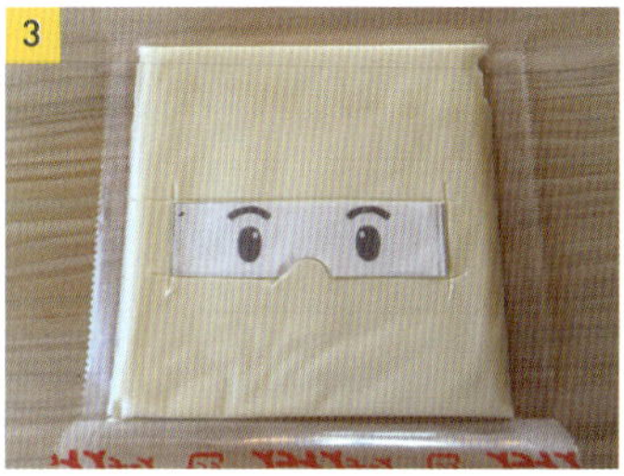
3 슬라이스 치즈 위에 얼굴 그림을 올리고 모양을 따라 자른다.

4 김 위에 모자 그림을 올리고 모양를 따라 자르고 슬라이스 치즈에 올려 테두리를 따라 자른다. 모자의 선 부분은 다시 슬라이스 치즈로 표현을 한다.

5 체더치즈를 오각형으로 자르고, 2mm 정도 작은 크기의 오각형을 김으로 만들어 붙인다. 안쪽에 R로고와 윗선을 체더치즈로 만들어 붙인다.

6 범퍼 부분은 체더치즈로 만들고 눈과 입은 김을 잘라 붙인다. 게맛살의 빨간 부분만 벗겨내어 코와 모자의 사이렌 등을 표현한다.

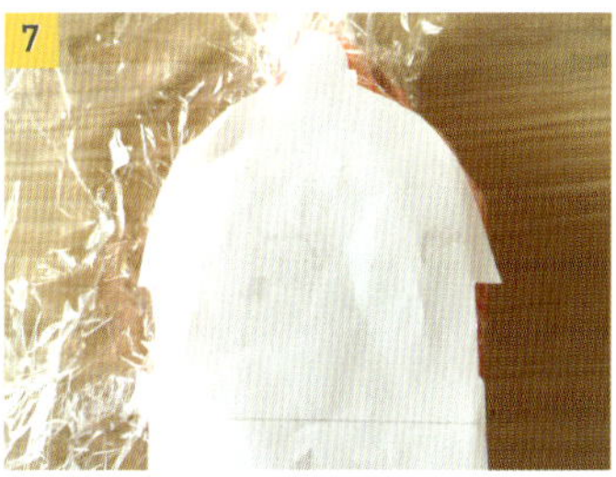
7 밥에 토마토케첩으로 색을 내서 비닐 랩에 싸고, 남은 그림 1장을 위에 올려 모양을 잡는다.

8 도시락 안에 밥의 자리를 잡고, 준비해 둔 로이 캐릭터를 밥 위에 장식한다.

감자 베이컨 볶음

1 감자는 반달썰기를 한다.
2 베이컨은 1cm 두께로 썬다.
3 달군 프라이팬에 버터를 넣고 감자를 올려 양면을 노릇하게 익히다가 베이컨을 넣고 볶는다.
4 소금, 후춧가루로 간을 하고 마지막으로 파슬리 가루를 뿌린다.

감자 1개, 베이컨 3장, 버터 10g, 소금 조금, 후춧가루 조금, 파슬리 가루 조금

05

레고 닌자고

만드는 재료

밥 1공기
김 1장
슬라이스 체더치즈 1장
슬라이스 치즈 1장

메뉴

연근 치킨 햄버거
어묵 채소 볶음
채소 감자 샐러드

연근 치킨 햄버거

1 연근은 껍질을 벗겨 손질한 뒤, 5mm 두께로 동그랗게 8개를 만들고 나머지는 다진다.

2 다진 닭고기에 다진 연근, 다진 양파, 양념 재료를 넣어 끈기가 생길 때까지 잘 치댄다.

3 양념한 닭고기를 8등분하여 둥글납작하게 빚어서, 동그란 연근 위에 올려 살짝 눌러준다.

4 프라이팬에 기름을 두르고 연근이 붙은 면을 먼저 구운 뒤 뒤집어서 반대쪽도 노릇하게 잘 익힌다.

5 냄비에 소스 재료를 넣고 약불에서 1~2분 끓인 뒤, 4를 넣어 졸인다.

연근 150g(작은 것), 다진 닭고기 200g, 다진 양파 1/8개, 식용유 적당량, *양념(감자전분 1큰술, 술 1큰술, 간장 1/2작은술, 소금 조금, 후춧가루 조금) *소스(토마토케첩 2큰술, 물 2큰술, 간장 1/2작은술)

tip • '닌자고' 주먹밥의 밑간과 속은 취향에 따라 넣어 주세요.

• 재료 중에 2가지 색의 치즈가 필요할 때는 우윳빛 슬라이스 치즈(어린이용), 노란빛 슬라이스 체더치즈를 사용했습니다.

어묵 채소 볶음

1 어묵은 한입 크기로 잘라 끓는 물에 살짝 데쳐 찬물에 헹구어 물기를 뺀다.

2 양파, 당근, 피망도 적당한 크기로 자른다.

3 프라이팬에 기름을 두르고 다진 마늘을 먼저 넣고 양파, 당근, 피망, 어묵 순으로 볶다가 조림장 재료를 넣고 조린다.

4 어느 정도 물기가 없어지면 마지막으로 통깨를 뿌린다.

어묵 150g, 양파 1/3개, 당근 3cm, 피망 1/2개, 다진 마늘 1작은술, 통깨 1작은술, *조림장(간장 1큰술, 올리고당 1큰술, 맛술 1/2큰술)

1

밥 1공기를 둘로 나누어 삼각 주먹밥을 만든다.

2

김은 주먹밥 크기에 맞춘 삼각형으로 2장, 닌자의 눈이 보이도록 가운데를 사각으로 자른 삼각형으로 2장, 가장자리를 두를 길이로 2장을 준비한다.

3

주먹밥이 어느 정도 식으면 가로로 길게 자른 체더치즈를 올린다.

4

주먹밥의 위와 아래에 삼각형으로 자른 김으로 덮는다.

5

가장자리도 길게 자른 김을 둘러주고, 밥과 김이 잘 달라붙도록 비닐 랩으로 싸서 잠시 놔둔다.

6

주먹밥의 비닐 랩을 벗기고, 김으로 눈썹, 눈을 만들어 붙인다.

7

머리 장식과 눈동자는 슬라이스 치즈를 이용해 만든다.

06

호비

메뉴

김치볶음밥 오므라이스
연어구이
과일

만드는 재료

볶음밥 1공기
달걀 1개
슬라이스 치즈 조금
슬라이스 햄 조금
김 조금

김치볶음밥 오므라이스

1 김치, 양파, 피망은 먹기 좋은 크기로 잘게 자른다.
2 달군 프라이팬에 스팸을 넣어 볶다가 기름이 배어 나오면 1을 넣어 볶는다.
3 마지막으로 밥을 넣고 함께 볶는다.

김치 30g, 양파 조금, 피망 1/4개, 스팸 30g, 밥 100g

tip '호비' 볶음밥은 취향에 맞는 재료를 넣어서 준비하세요.

유산지에 호비 얼굴을 그리고 테두리를 따라 자른다. 얼굴 그림을 김 위에 올리고 눈, 눈썹, 입, 코 등을 모양대로 잘라낸다.

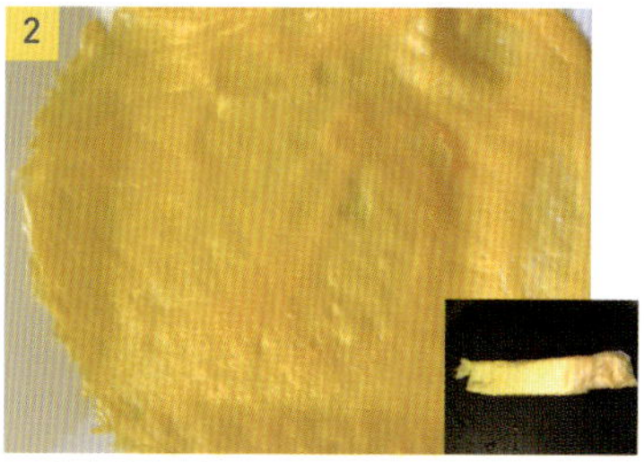

프라이팬에 기름을 두르고, 키친타월로 기름을 다시 닦아낸다. 달걀 2개를 풀어서 반은 지단을 부치고, 나머지 반은 1cm 두께의 달걀말이를 만든다.

비닐 랩에 볶음밥을 싸서 동그랗게 뭉친다. 이때 호비 그림을 위에 올리고 모양을 만든다.

달걀 지단에 칼집을 넣어 밥을 싸기 좋게 만든다. 3의 밥을 지단으로 감싼다.

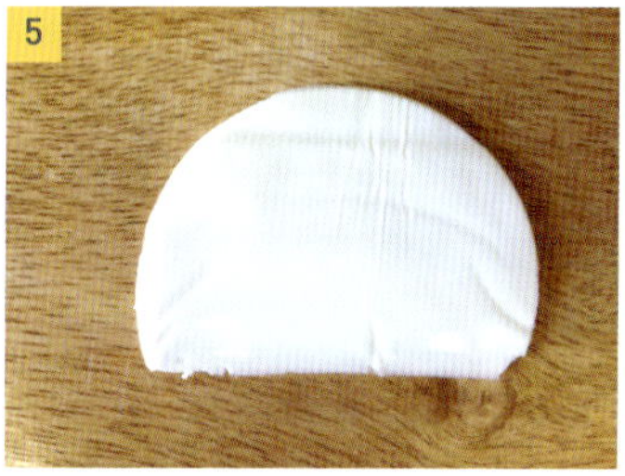

슬라이스 치즈를 4의 밥 크기보다 조금 큰 반달 모양으로 자른다.

4 위에 5를 올린 뒤 비닐 랩으로 감싸서 잘 붙도록 잠시 놔둔다.

달걀말이를 동그란 틀로 눌러 귀 모양을 만든다.

얼굴에 귀를 붙이고 눈 · 코 · 입 등을 올린다. 잘 붙지 않을 경우엔 꿀을 발라서 붙인다. 슬라이스 햄으로 볼연지, 슬라이스 치즈로 눈동자와 귀 안쪽을 만들어 장식한다.

연어구이

1 구이를 하기 전날 연어 양면에 소금을 살살 뿌려 냉장고에 보관해 둔다.

2 프라이팬에 유산지를 깔고 연어를 올린다.

3 중불에서 2분 정도 구운 뒤 약불로 바꿔 뚜껑을 덮고 3~4분 익힌다.

4 뒤집어서 중불 또는 강불로 2분 정도 굽는다.

연어 1조각, 소금 약간

07

해적 선장

메뉴

아스파라거스 고기말이
크래미 마카로니 샐러드
부드러운 달걀말이

만드는 재료

밥 1공기
슬라이스 치즈 1장
슬라이스 체더치즈 조금
게맛살 1개
김 1/4장

아스파라거스 고기말이

1 아스파라거스는 소금물에 살짝 데쳐 찬물에 헹구어 물기를 닦는다.
2 돼지고기 로스는 펼쳐서 허브 소금을 살짝 뿌린 뒤, 아스파라거스를 올려 돌돌 말아준다.
3 프라이팬에 올리브유를 두르고, 약불에서 굴리면서 골고루 익힌다.
4 마무리로 허브 소금을 살짝 뿌려 간을 맞춘다.

돼지고기 로스(얇게 썬 것) 8장, 아스파라거스 4개, 올리브유 1큰술, 허브 소금 적당량

tip • '해적' 주먹밥 속은 취향에 따라 넣는다.

• 재료 중에 2가지 색의 치즈가 필요할 때는 우윳빛 슬라이스 치즈(어린이용), 노란빛 슬라이스 체더치즈를 사용했습니다.

크래미 마카로니 샐러드

1 마카로니는 삶고, 크래미는 먹기 좋은 크기로 찢는다.

2 오이는 5mm 두께로 동그랗게 썰어 소금을 살짝 뿌려 둔다. 물기가 나오면 손으로 꼭 짜서 물기를 제거한다.

3 양파는 얇게 썰어 물에 담갔다가 물기를 꼭 짠다.

4 1~3를 함께 넣고 마요네즈, 꿀, 소금, 후춧가루를 넣고 버무린다.

마카로니 100g, 오이 1/2개, 크래미 50g, 양파 1/6개, 마요네즈 5큰술, 꿀 1작은술, 소금 적당량, 후춧가루 적당량

1

유산지에 해적 얼굴 그림을 그리고 각 부위를 자른다.

2

주먹밥을 적당한 크기로 뭉쳐 해적 얼굴을 만든다. 이때 나중에 모자를 붙일 수 있도록 위쪽을 조금 길쭉하게 만든다.

3

김에 모자와 안대 그림을 올리고 테두리를 따라 자른다.

4

슬라이스 치즈 위에 모자 모양 김을 올리고 이쑤시개로 모양을 따라 자른다.

5

슬라이스 치즈 위에 해골 그림을 올려 테두리를 따라 자르고, 눈 부분은 빨대로 눌러 만든다. 체더치즈 위에 앞머리 그림을 올려 테두리를 따라 자르고, 해적의 한쪽 눈은 슬라이스 치즈와 김으로 만들고, 입은 김을 잘라 만든다.

6

주먹밥이 식으면 앞머리와 모자를 올려 장식하고 스파게티 면으로 고정한다.

7

게맛살의 빨간 부분만 벗겨내어 모자 리본을 표현한다.

8

눈, 안대, 입을 장식한다.

08

파워레인저 다이나포스

메뉴

연어 데리야키
소시지 달걀말이
고구마 오렌지 조림

만드는 재료

슬라이스 햄 1장
게맛살 1개
슬라이스 치즈 조금
슬라이스 체더치즈 1장
김 조금

연어 데리야키

1 연어는 소금을 살짝 뿌려 뚜껑을 덮어 냉장고에 15분 정도 두었다가 표면에 올라온 수분은 키친타월로 닦아낸다.

2 프라이팬에 식용유를 두르고 연어의 양면을 고루 익힌다.

3 청주, 간장을 넣고 연어에 양념이 골고루 배도록 졸인다. 시간이 길어져 짜지지 않게 한다.

연어 1조각, 소금 조금, 청주 1큰술, 간장 1큰술, 식용유 조금

tip 재료 중에 2가지 색의 치즈가 필요할 때는 우윳빛 슬라이스 치즈(어린이용), 노란빛 슬라이스 체더치즈를 사용했습니다.

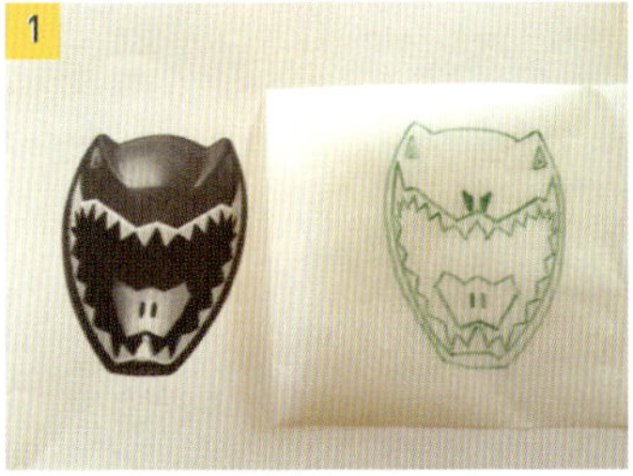

1 유산지에 다이나포스 얼굴 2개를 그리고 테두리를 따라 자른다. 이미지를 프린트해서 이용하면 좋다.

2 슬라이스 햄 위에 그림을 올려 테두리를 따라 자른다.

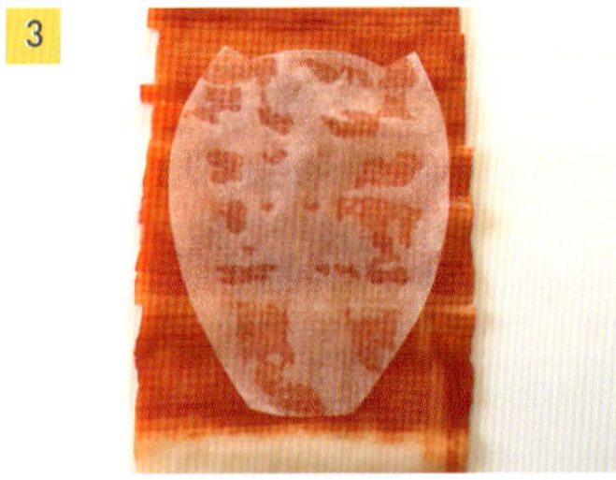

3 게맛살의 빨간 부분만 벗겨내어 나란히 늘어놓고, 그림을 올려 테두리를 따라 자른다.

4 2 위에 3을 올려 빨간색 얼굴을 만든다.

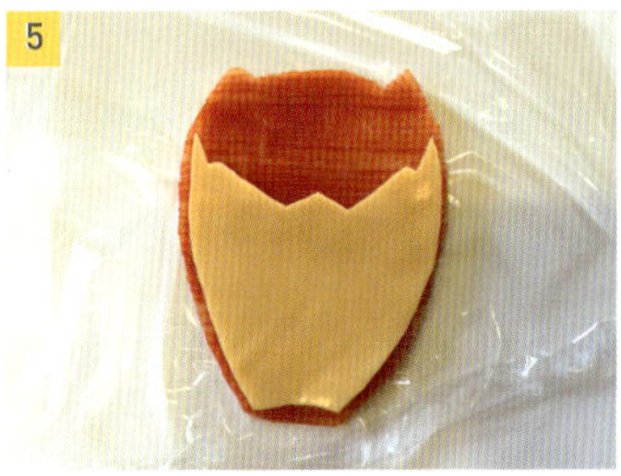

5 나머지 1장의 그림에서 입 부분을 잘라 슬라이스 체더치즈 위에 올린 뒤 테두리를 따라 잘라서 얼굴 위에 올린다.

6 입 모양 그림의 안쪽 까만 부분만 잘라 김 위에 올려 테두리를 따라 잘라서 붙인다.

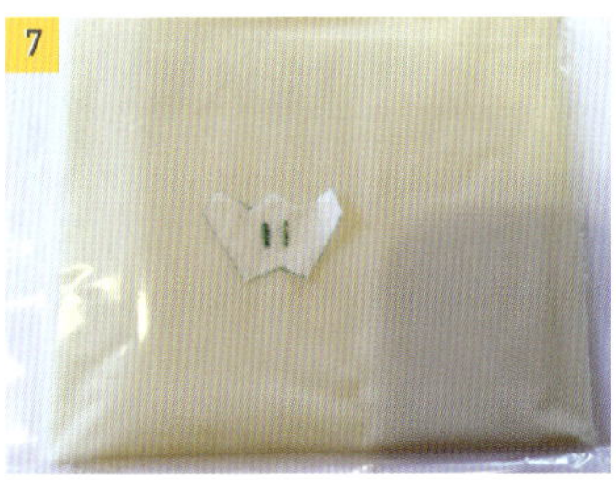

7 입 그림의 가운데 부분도 잘라 슬라이스 치즈 위에 올려 테두리를 따라 잘라 장식한다.

8 눈은 치즈와 김, 코는 김으로 만들어 붙인다.

소시지 달걀말이

1 달걀에 소금, 후춧가루, 마요네즈를 넣고 잘 풀어준다.
2 소시지는 끓는 물에 살짝 데친다. 프라이팬에 구워도 된다.
3 프라이팬에 기름을 골고루 두르고, 1을 넣어 지단을 부친다.
4 지단의 표면이 반 정도 익으면 소시지를 넣고 돌돌 말아 익힌다.

달걀 1개, 마요네즈 1/2큰술, 소금 조금, 후춧가루 조금, 비엔나소시지 1~2개, 식용유 적당량

09 니모를 찾아서 니모

메뉴

돼지고기 빵가루 구이

버섯 피망 볶음

달콤한 콩조림

만드는 재료

토마토케첩밥
(또는 당근 볶음밥) 1공기
슬라이스 치즈 1장
당근 4조각
김 1/4장

돼지고기 빵가루 구이

1 돼지고기는 5mm 두께로 잘라, 소금과 후춧가루로 밑간을 한다.

2 빵가루에 다진 파슬리, 치즈 가루를 넣고 잘 섞는다.

3 돼지고기에 2를 골고루 묻힌 뒤 프라이팬에 올리브유를 두르고 양면을 노릇하고 바삭하게 굽는다.

돼지고기 로스 200g, 소금 적당량, 후춧가루 적당량, 올리브유 2큰술, 빵가루 3큰술, 다진 파슬리 2큰술, 치즈 가루 2큰술

tip 밥을 빨간색으로 표현할 때 토마토케첩을 적당히 섞어서 만드세요.

버섯 피망 볶음

1 피망는 채썰기 하고 버섯은 잡티를 털고 닦아 잘게 찢어 놓는다.

2 냄비에 참기름 1작은술을 넣고 중불에서 피망, 버섯을 볶다가 숨이 죽으면 설탕, 맛술, 간장을 넣고 조린다.

3 마지막에 참기름 1작은술을 넣어 잘 섞는다.

피망 3개, 느타리버섯(또는 표고버섯) 2주먹, 설탕 1큰술, 맛술 1큰술, 간장 1/2큰술, 참기름 2작은술

1

유산지에 니모를 그리고 테두리를 따라 자른다. 이미지를 프린트해서 이용하면 좋다.

2

케첩밥을 뭉쳐 비닐 랩에 싸고, 니모 그림을 위에 올려 전체 모양을 만든다.

3

김 위에 니모 그림을 올리고 검은 줄무늬와 입을 테두리를 따라 자른다.

4

지느러미와 꼬리 등도 김으로 모양을 만든다.

5

2의 케첩밥 위에 4의 김을 붙이고, 슬라이스 치즈로 줄무늬와 입을 장식한다.

6

얇게 썬 당근을 끓는 물에 데쳐 꼬리와 지느러미를 만들어 장식한다.

7

눈은 슬라이스 치즈, 눈동자는 당근과 김으로 만들어 붙인다.

10

겨울왕국 올라프

만드는 재료

슬라이스 햄 1장
슬라이스 치즈 1장
김 1/4장
당근 조금

메뉴

돼지고기 간장 불고기
들깨 숙주나물
달걀말이

돼지고기 간장 불고기

1 돼지고기에 양파즙, 생강즙, 소금, 후춧가루를 넣어 밑간을 한다.
2 대파는 어슷썰기 하고, 양파는 1. 5cm 크기로 자르고, 당근은 얇게 채썰기 한다.
3 양념장 재료를 모두 섞어 1과 2를 함께 넣어 버무린다.
4 필요한 양만 덜어 프라이팬에 구워 먹는다.

돼지고기(불고기용) 500g, 대파 1개, 양파 1개, 당근 1/3개, 양파즙 1큰술, 생강즙 1/2큰술, 소금 적당량, 후춧가루 적당량, *양념장(간장 5큰술, 올리고당 2큰술, 매실액 1큰술, 맛술 1큰술, 생강즙 1작은술, 참기름 1/2큰술, 다진 마늘 1큰술)

tip • '올라프'의 당근 코가 잘 안 붙을 때는 마요네즈를 살짝 바르세요.

• 캐릭터를 전날에 미리 만들었다면 비닐 랩으로 싸서 밀폐용기에 넣어 보관해 두었다가 사용하세요.

유산지에 올라프 그림을 그려서 얼굴과 몸통, 팔을 따로 자른다. 이미지를 프린트해서 사용하면 좋다.

슬라이스 치즈 위에 얼굴, 몸통 그림을 올리고 이쑤시개로 테두리를 따라 자른다.

몸통 모양 치즈는 다시 몸통 위와 아래, 다리 부분을 자른다.

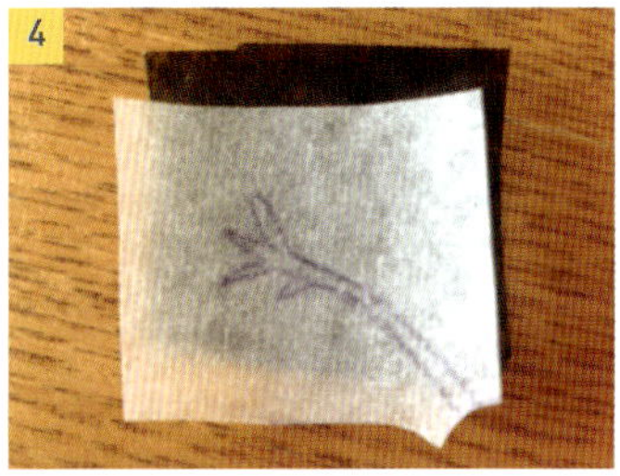

팔 그림을 김 위에 올리고 모양을 따라 자른다.

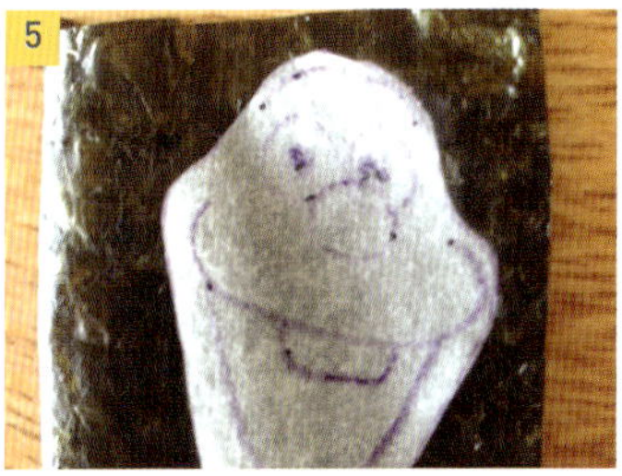

얼굴 그림을 김 위에 올리고 눈썹, 입, 눈 모양을 자른다.

슬라이스 햄 위에 몸통, 팔을 올리고 김으로 팔과 단추를 만들어 붙인다.

6 위에 5를 올리고, 치즈로 이를 만들고, 코는 삶은 당근으로 만들어 붙인다.

마지막으로 슬라이스 햄을 올라프의 테두리를 따라 2mm 정도 여분을 두고 자른다.

들깨 숙주나물

1 숙주는 깨끗이 씻어 체에 밭친다.
2 숙주를 끓는 물에 살짝 데쳐서 체에 밭쳐 완전히 물기를 뺀다.
3 숙주에 들깨, 소금을 넣고 버무린 뒤 마지막으로 참기름을 넣고 살살 무친다.

숙주나물 100g, 들깨 2작은술, 소금 약간, 참기름 조금

2장

동물 캐릭터 도시락

01

사자

메뉴

닭고기 데리야키
삶은 새우
자색 고구마 디저트 샐러드

만드는 재료

달걀 1개
슬라이스 치즈 조금
김 조금
당근 조금
소시지 1개
밥 1공기
맛간장 적당량

닭고기 데리야키

1 닭고기 껍질을 포크로 찔러 전체적으로 구멍을 낸다.
2 양념 재료를 함께 섞는다.
3 달군 프라이팬에 기름을 두르고 닭고기의 껍질 부분부터 중불에 5~7분 굽는다. 뒤집개 등을 이용해서 꾹꾹 누르며 노릇하게 익힌다. 껍질 부분이 노릇하게 구워지면 뒤집어서 3분 정도 더 익힌다.
4 프라이팬의 기름을 키친타월 등으로 닦아내고 2를 넣어, 닭고기에 양념이 스며들게 잘 조린다.
5 윤기가 나고 양념이 어느 정도 졸아들면 불을 끄고 먹기 좋은 크기로 썬다.

닭고기 허벅지살 240g, 식용유 1작은술, *양념(간장 2큰술, 술 2큰술, 설탕 1작은술, 물엿 1 1/2작은술)

달걀로 지단을 부쳐 가로 20cm, 세로 4cm로 자른 뒤 한쪽 면이 잘리지 않도록 3mm 간격으로 칼집을 낸다. 반대쪽 면도 2cm 간격으로 칼집을 넣으면 동그란 모양을 만들기 편하다.

크기가 넉넉한 유산지 컵에 달걀 지단을 빙 둘러 주면 사자의 갈기가 만들어진다.

밥을 맛간장으로 간을 하여 동그랗게 뭉쳐 달걀 지단 가운데에 자리 잡는다.

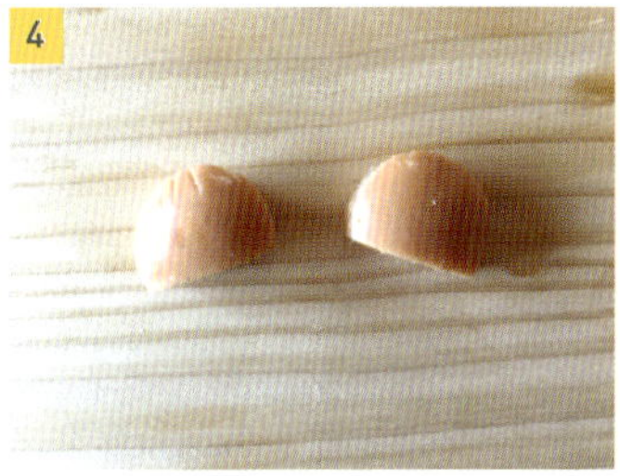

소시지의 둥근 끝쪽을 자르고 세로로 갈라 반달 모양의 귀를 만든다.

슬라이스 치즈를 구멍이 큰 빨대로 2개 찍어내 얼굴 가운데에 붙이고, 빨대의 한쪽을 눌러 물방울 모양으로 1개를 찍어내 코를 만든다.

김으로 눈과 눈썹, 코 주변를 표현하고 얇게 썬 당근을 끓는 물에 데쳐 볼연지를 만들어 붙인다.

삶은 새우

1 냄비에 물을 붓고 소금을 넣어 끓어오르면 새우를 넣는다.

2 새우 크기에 따라 3~5분 정도 삶은 뒤 껍질을 벗긴다.

새우 6마리, 소금 1작은술

자색 고구마 디저트 샐러드

1 고구마는 부드럽게 삶아 뜨거울 때 으깬다.

2 으깬 고구마에 크림치즈, 꿀, 계핏가루를 넣고 잘 섞는다.

3 마지막으로 아몬드 슬라이스를 넣고 가볍게 섞는다.

자색 고구마 200g, 크림치즈 40g, 꿀 1큰술, 계핏가루 조금, 아몬드 슬라이스 1큰술,

02

코끼리

메뉴

치즈 멘치카쓰

소시지 채소 볶음

달걀조림

만드는 재료

밥 1공기

자색 고구마 가루

조금(있는 경우만 사용)

슬라이스 햄 1장

김 조금

당근 조금

치즈 멘치카쓰

1 양파는 잘게 다져서 올리브유를 넣고 투명해질 때까지 잘 볶은 뒤 식힌다.

2 테두리를 잘라낸 식빵은 잘게 뜯어 우유에 넣어 불린다.

3 다진 고기에 소금, 후춧가루를 넣고 간을 한 뒤, 1과 2, 달걀 순으로 넣고 치댄다.

4 양념한 고기를 5~6개로 나눈다. 고기 가운데에 치즈를 넣어 동그랗게 뭉친다.

5 밀가루, 달걀, 빵가루 순으로 튀김옷을 입혀 170도 기름에 노릇하게 튀긴다.

다진 혼합육(소고기+돼지고기) 300g, 양파 1개, 식빵 1/2개, 달걀 1개, 우유 2큰술, 소금 1작은술, 후춧가루 적당량, 슬라이스 모차렐라 5장, 올리브유 1큰술

*튀김옷(밀가루 적당량, 달걀 1개, 빵가루 적당량)

tip '멘치카쓰'는 일본식 조어로, 다진 고기에 양념을 하여 빵가루를 입혀 튀긴 요리입니다.

소시지 채소 볶음

1 소시지는 먹기 좋은 크기로 자른다.

2 양파는 1cm 폭으로 자른다.

3 기둥을 떼어 낸 버섯은 1cm 폭으로 자르고, 기둥은 손으로 찢는다.

4 피망은 씨를 빼고 1cm 폭으로 길게 자르고, 당근은 얇게 어슷썰기 하여 다시 반으로 자른다.

5 프라이팬에 올리브유를 두르고 소시지를 볶다가 양파, 당근, 피망, 버섯 순으로 넣고 볶는다.

6 채소들이 숨이 죽으면 간장을 넣고, 마지막으로 허브 소금으로 간을 맞춘다.

소시지 5~6개, 양파 1/4개, 표고버섯 2~3개, 피망 1개(또는 파프리카), 당근 20g, 올리브유 2큰술, 간장 1작은술, 허브 소금 조금

뜨거운 밥에 자색 고구마 가루를 조금 섞어서 색을 낸다. 자색 고구마 가루가 없을 때는 그냥 흰밥을 쓴다.

코끼리 주먹밥

a 코를 만들 만큼 밥을 남기고, 나머지 밥을 2등분한다.

b 2등분한 것 중 한 덩어리는 비닐 랩에 싸서 둥글납작하게 얼굴 모양을 만든다.

c 나머지 한 덩어리는 다시 2개로 나누어 비닐 랩에 싸서 귀 모양이 되도록 평평하게 펴고 안쪽은 옴푹 파이게 눌러 준다.

적당한 크기의 도시락 안에 양옆으로 코끼리 귀를 넣고, 얼굴 부분을 가운데 놓는다.

남겨둔 밥으로 코를 만들어 얼굴에 붙인다.

김으로 눈과 코 주름을 만들어 붙인다.

슬라이스 햄으로 귀 안쪽을 만들고, 얇게 썬 당근을 끓는 물에 데쳐 볼연지를 만들어 장식한다.

03

공룡 티라노사우루스

메뉴

새우 볶음밥

마 오코노미야키

과일

만드는 재료

유부 1장
김 1/4장
슬라이스 햄 1장
슬라이스 치즈 조금
검은깨 조금
메추리알 1개
브로콜리 기둥(또는 오이) 조금

새우 볶음밥

1 쌀은 씻어서 체에 밭쳐 30분 정도 물기를 뺀다.

2 해산물을 해동시켜서 물기를 뺀다.

3 양파, 당근은 잘게 다지고, 옥수수 알을 준비한다. 캔 옥수수를 사용할 경우는 물기를 제거한다.

4 달군 프라이팬에 버터 분량의 반을 넣어 양파와 당근을 넣고 볶다가 양파가 투명해지면 해산물과 옥수수를 넣고 익힌다.

5 남은 버터와 쌀을 넣고 쌀이 투명해질 때까지 볶는다.

6 고형 수프를 잘게 다져 10ml의 물에 갠다.

7 전기밥솥에 볶은 밥과 6, 물 350ml를 부어 밥을 짓는다.

쌀 2컵, 새우, 관자 등 해산물 1팩 180g(생물을 얼린 것), 양파 1/2개, 당근 1/2개, 옥수수 알 4큰술, 버터 25g, 물 360ml(10ml는 고형수프를 개는 데 사용), 고형 수프(콩소메 또는 비프스톡 1인분 1/3개)

1

유산지에 티라노사우루스의 얼굴 모양을 그리고 테두리를 따라 자른다. 얼굴과 몸통을 따로 나눈다.

2

유부 위에 얼굴과 몸통 그림을 올리고 테두리를 따라 자른다. 눈 부분은 칼로 파낸다.

3

슬라이스 햄 위에 몸통과 얼굴 모양 유부를 올리고 테두리를 따라 자른다. 이때 입 안쪽은 햄을 모두 자르지 말고 혀 모양이 되록 만든다.

4

슬라이스 치즈 위에 이빨 그림을 올리고 이쑤시개를 이용해서 모양대로 자른다.

5

4를 유부 얼굴 입 안에 붙이고, 눈동자는 삶은 브로콜리의 기둥 부분을 얇게 저며 표현한다.

6

김 위에 얼굴과 몸통을 올리고 테두리를 따라 2mm 정도 여유를 두고 자른다. 콧구멍은 검은깨로 만든다. 앞발 위쪽에 슬라이스 치즈를 잘라 붙여 배를 표현한다.

7

삶은 메추리알에 김을 손으로 찢어 붙여서 공룡알을 만들어 장식한다.

tip '오코노미야키'는 우리나라의 전과 비슷한 일본식 요리입니다. 밀가루를 가쓰오부시(가다랑어포) 우린 물에 개어 고기와 야채 등을 넣고 반죽해 기름에 지진 음식입니다.

마 오코노미야키

1 양배추는 채썰기 한다.
2 밀가루에 물과 달걀, 가쓰오부시 다시를 넣고 잘 섞는다.
3 마를 강판에 갈아서 2와 섞고, 양배추를 넣어 가볍게 반죽한다.
4 달군 프라이팬에 돼지고기를 넣고 앞뒤로 살짝 구운 뒤 3의 반죽을 올려 굽는다.
5 노릇하게 구워지면 뒤집어서 반대편도 노릇하게 굽는다.
6 다시 한 번 뒤집어 위에 오코노미야키 소스를 바른 뒤 가쓰오부시, 파래김 가루, 마요네즈 순으로 올린다.

양배추 1/3개, 돼지고기 2장(얇게 썬 것), 마 50g, 밀가루(박력분) 100g, 물 100g, 달걀 1개, 과립 가쓰오부시 다시(맛국물) 1작은술(또는 소금 1/2작은술), 토핑(가쓰오부시, 파래김 가루, 마요네즈 등) 적당량, 오코노미야키 소스(또는 우스터소스) 적당량

04

공룡 스테고사우루스

만드는 재료

슬라이스 햄 1장
슬라이스 체더치즈 1장
슬라이스 치즈 조금
당근 조금
김 조금
파란색 천연색소 조금

메뉴

참치 샌드위치
단호박 커틀릿
과일

참치 샌드위치

1 참치 캔은 체에 밭쳐 기름을 뺀다.
2 양파는 잘게 다져서 소금을 뿌린 뒤, 물에 담가 매운 맛을 뺀다.
3 1과 2에 마요네즈, 소금, 후춧가루를 넣고 잘 섞는다.
4 식빵 안쪽에 기호에 따라 머스터드 버터를 살짝 바른 뒤 3을 올리고 식빵으로 덮는다.

재료(2인분)
식빵 4장, 참치 캔 1개(작은 것), 양파 1/4개, 마요네즈 3큰술, 소금 적당량, 후춧가루 적당량, *머스터드버터(머스터드 1/2큰술, 버터 3큰술)

1

유산지에 스테고사우루스 그림을 그리고 테두리를 따라 자른다. 이미지를 프린트해서 이용하면 좋다. 등의 돌기는 따로 잘라 둔다.

2

슬라이스 체더치즈 위에 그림을 올리고 테두리를 따라 잘라서, 슬라이스 햄 위에 올린다. 다리 부분에 이쑤시개로 선을 긋는다.

3

이쑤시개를 이용해서 슬라이스 치즈로 발톱 모양과 꼬리 부분의 무늬, 눈동자 등을 만들어 붙인다.

4

김으로 까만 눈동자, 콧구멍, 입, 눈썹 등을 만든다.

5

3에 4를 올려 장식한다.

6

등의 돌기는 모양 대로 슬라이스 햄을 잘라 파란색 천연색소 물에 잠깐 담가 물을 들인다. 색소를 사용하지 않고 슬라이스 햄을 그대로 붙여도 괜찮다.

7

동그란 틀이나 크기가 다른 빨대 등을 이용해서 당근을 찍어내어 볼과 등쪽 무늬를 만들어 붙이고, 공룡의 테두리를 따라 2mm 정도 여분을 슬라이스 햄을 자른다.

tip 재료 중에 2가지 색의 치즈가 필요할 때는 우윳빛 슬라이스 치즈(어린이용), 노란빛 슬라이스 체더치즈를 사용했습니다.

단호박 커틀릿

1 단호박은 껍질과 씨를 제거하고 찜통에 찐다.

2 양파는 다져서 프라이팬에 버터를 녹이고 볶는다.

3 양파가 투명해지면 다진 소고기를 넣고 익힌다.

4 1과 3을 함께 섞고 소금, 후춧가루로 간을 한 뒤 한입 크기로 동그랗게 뭉친다.

5 밀가루, 달걀, 빵가루 순으로 튀김옷을 입혀 170도 기름에 바삭하게 튀긴다.

단호박 1/4개, 버터 10g, 양파 1개(작은 것), 다진 소고기 200g, 소금 조금, 후춧가루 조금, *튀김옷(밀가루 조금, 달걀 1개, 빵가루 조금), 식용유 적당량

05

고래

만드는 재료

밥 1공기(작은 크기)
김 1/4장
슬라이스 치즈 조금
슬라이스 햄 조금

메뉴

채소 고기말이 커틀릿
찐 옥수수

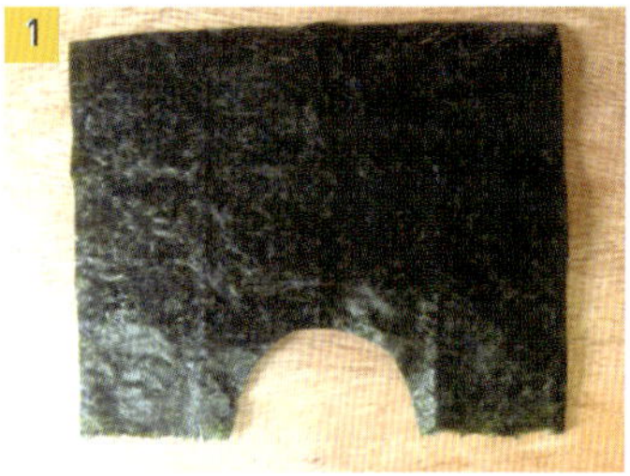

김은 고래의 입속 부분이 될 곳을 동그랗게 잘라낸다.

밥에 좋아하는 속을 넣거나 밑간을 하여 동그랗게 뭉쳐 김으로 싼다.

김과 밥이 잘 달라붙도록 비닐 랩으로 싸서 잠시 놔둔다.

김과 슬라이스 치즈로 눈, 슬라이스 햄으로 입을 만들어 붙인다.

김으로 꼬리 모양을 만들어, 슬라이스 치즈 위에 올리고 테두리를 따라 자른다. 이것을 다시 슬라이스 햄 위에 올리고 테두리를 따라 2mm 정도 여유를 두고 자른다.

배에 김을 가늘고 길게 잘라 붙이고 꼬리를 몸통에 붙인다.

채소 고기말이 커틀릿

1 채썰기 한 당근과 껍질콩은 소금물에 살짝 데쳐 준비한다.

2 돼지고기는 2장씩 겹친 뒤 소금과 후춧가루로 밑간을 한다.

3 돼지고기에 당근과 껍질콩을 올리고 돌돌 말아준다.

4 밀가루, 달걀, 빵가루 순으로 튀김옷을 입힌 뒤 180도 기름에서 바삭하게 튀긴다.

5 망에 올려 완전히 식혀서 도시락에 넣는다.

당근 1/2개, 껍질콩 12개, 돼지고기 로스(샤브샤브용) 12장(10×10cm), 소금 조금, 후춧가루 조금, 식용유 적당량, *튀김옷(밀가루 적당량, 달걀 1개, 빵가루 적당량)

06

물고기와 게

만드는 재료

*게

비엔나소시지 1개

슬라이스 치즈 조금

김 조금

튀긴 스파게티 면 1줄

*유부 조림(10개 분량)

유부 5장(큰 것)

간장 2큰술

설탕 2큰술

맛술 2큰술

과립 가쓰오부시 다시 1/2작은술

물 1 1/2컵

*물고기(3개 분량)

흰밥 1공기

유부 1 1/2장

오이 조금

당근 조금

슬라이스 치즈 조금

김 조금

메뉴

연근 새우 구이

소시지

과일

tip 유부밥은 1개는 유부 면이 보이도록 엎어 놓으면 종류가 다양해 보이는 효과가 있어요.

연근 새우 구이

1 새우 살을 다져서 소금, 후춧가루, 전분을 넣고 잘 섞는다.
2 연근은 껍질을 벗긴 뒤 3~4mm 두께로 잘라 잠시 물에 담근다.
3 연근의 물기를 잘 닦은 후 안쪽 면에 밀가루를 묻히고 새우 살을 올리고, 다시 연근으로 덮는다.
4 프라이팬에 식용유를 두르고 연근의 한쪽 면을 노릇하게 구운 뒤 뒤집어서 뚜껑을 닫고 2분 정도 익힌다.
5 데리야키 소스 재료를 함께 잘 섞은 뒤 연근 구이에 붓고, 윤기가 나면 불을 끈다.

연근 100g, 새우 살 100g, 소금 조금, 후춧가루 조금, 전분 2작은술, 밀가루 적당량, 식용유 적당량, *데리야키 소스(간장 1큰술, 맛술 1큰술, 청주 1/2큰술, 설탕 1작은술)

1

게
a 비엔나소시지는 세로로 반을 가른다.

2

b 게의 등 부분에 이쑤시개로 무늬를 그린다. 소시지의 양쪽 끝에서 칼집을 3번씩 넣어서 다리를 만든다.

3

c 소시지를 끓는 물에 살짝 데친다.

4

d 빨대로 슬라이스 치즈를 동그랗게 찍어내고, 위에 조금 작게 김으로 눈동자를 만들어 붙인다.

5

e 튀긴 스파게티 면을 짧게 잘라 눈알을 붙이고, 몸통에 꽂는다.

6

유부 조림
a 유부는 반을 잘라 끓는 물에 1~2분 담가 기름을 뺀다.
b 냄비에 유부와 나머지 모든 재료를 넣고 약불에서 졸인다. 국물이 2/3 정도 줄었을 때 불을 끈다.
c 유부 조림을 가볍게 짠다.

7

물고기
a 유부에 밥을 넣고, 꼬리를 유부로 만들어 스파게티 면으로 고정한다.

8

b 큰 빨대로 슬라이스 치즈를 찍어 눈을 만들고, 김으로 눈동자를 만든다.
c 슬라이스 치즈, 오이, 당근 등을 하트 모양 틀 등으로 찍어서 장식한다.

07

무당벌레

메뉴

셀러리 만두

단호박 잣 샐러드

버섯 올리브유 조림

만드는 재료

밥 1공기

게맛살 2개

김 1/4장

슬라이스 치즈 조금

튀긴 스파게티 면 1가닥

셀러리 만두

1 양파와 셀러리는 잘게 다지고, 다진 돼지고기와 양념 재료까지 함께 섞어 손으로 잘 치대어 만두소를 만든다.

2 만두피에 만두소를 넣고 빚는다.

3 중불로 달군 프라이팬에 기름을 두르고 만두를 올리고 밑이 노릇하게 익으면, 프라이팬 바닥에 물에 살짝 잠길 정도로 물을 부어 뚜껑을 덮어 익힌다.

4 수분이 거의 없어지면 뚜껑을 열어 나머지 수분도 날린다.

5 마지막으로 참기름 1작은술을 넣어 바삭하게 굽는다.

만두피 24개, 다진 돼지고기 150g, 양파 1/2개, 셀러리 1/3줄기, 마늘 1쪽, 식용유 1큰술, 참기름 1작은술, *양념(참기름 2작은술, 감자 전분 1작은술, 간장 1작은술, 소금 적당량, 후춧가루 적당량)

tip '버섯 올리브유 조림'은 냉장 보관하면 5일 동안은 먹을 수 있어요.

1 밥을 동그랗게 뭉쳐 주먹밥을 만든다.

2 게맛살의 빨간 부분만 벗겨내어 주먹밥을 전체적으로 덮은 뒤, 비닐 랩으로 싸서 모양이 고정시킨다.

3 비닐 랩을 벗겨서 무당벌레의 머리 부분이 될 곳을 김으로 둘러싸고, 다시 비닐 랩을 씌워 잠시 놔둔다.

4 빨대를 이용해서 슬라이스 치즈로 눈과 입을 찍어내고, 김으로 등의 장식을 만들고, 스파게티 면으로 더듬이를 만들어 꽂는다.

단호박 잣 샐러드

1 단호박은 씨를 빼고 찜통에 찐 뒤 껍질을 벗겨 속살을 으깨어 둔다.
2 단호박에 1cm 두께로 자른 슬라이스 햄, 마요네즈, 우유, 잣을 넣어 잘 섞는다.

단호박 200g, 슬라이스 햄 2장, 마요네즈 1큰술, 우유 1큰술, 잣 1큰술

버섯 올리브유 조림

1 취향에 따라 여러 가지 버섯을 준비하여, 3cm 길이로 자른다.
2 마늘은 잘게 다진다.
3 프라이팬에 올리브유를 두르고 다진 마늘을 넣고 볶다가, 버섯을 넣고 소금, 후춧가루로 간을 한다.
4 2~3분 볶다가 전체적으로 기름이 돌면 뚜껑을 닫고 약불에 5분 정도 더 익힌다.

모둠 버섯(팽이버섯, 표고버섯 등) 450g, 마늘 3~4쪽, 소금 1작은술, 후춧가루 조금, 올리브유 7큰술

08

꿀벌

메뉴

대구 피카타
미역줄기 볶음
고구마 조림

만드는 재료

달걀 2개
김 1/4장
튀긴 스파게티 면 1가닥
슬라이스 치즈 조금
토마토케첩(또는 게맛살) 조금

대구 피카타

1 껍질을 벗긴 대구는 뼈를 잘 골라 내고 적당한 크기로 얇게 저민다.
2 대구에 소금, 후춧가루를 쳐서 밑간을 하고 밀가루를 입힌다.
3 반죽 재료를 모두 섞어서, 밑간한 대구에 골고루 잘 묻힌다.
4 프라이팬에 기름을 두르고 양면을 노릇하게 익힌다.
5 기호에 따라 토카토케첩을 곁들인다.

대구(또는 흰 살 생선) 150g, 소금 조금, 후춧가루 조금, 밀가루 적당량, 식용유 적당량, *반죽(달걀 1개, 가루 치즈 1큰술, 파슬리 가루 조금, 소금 조금)

tip 달걀말이는 2조각이 필요한데 어느 정도 두께가 나와야 하므로 달걀 2개를 이용합니다.

1 달걀말이를 만들어 김발(또는 비닐 랩)로 돌돌 말아 직사각형 면이 나오도록 모양을 잡아 1cm 두께로 자른다.

2 김을 3mm 폭으로 4줄을 만든다.

3 달걀말이의 단면에 김을 2줄 올리고 남는 부분은 자른다.

4 김으로 눈과 입을 만들어 붙인다.

5 튀긴 스파게티 면을 꽂아 더듬이를 만들고 토마토케첩으로 볼연지를 표현한다.

6 슬라이스 치즈를 물방울 모양으로 잘라 날개를 장식한다.

미역줄기 볶음

1. 미역줄기는 깨끗이 씻어 1시간 정도 물에 담가 소금기를 뺀 뒤, 체에 밭쳐 물기를 제거한다.
2. 미역을 먹기 좋은 크기로 자른다.
3. 프라이팬에 기름을 두른 뒤 다진 마늘, 채썰기 한 양파, 미역줄기 순으로 넣어 볶는다.
4. 간이 모자라면 소금으로 간을 하고 마지막으로 참기름과 통깨를 뿌린다.

미역줄기 50g, 다진 마늘 1개, 양파 20g, 식용유 2작은술, 참기름 1작은술, 통깨 적당량

09

사슴벌레

만드는 재료

슬라이스 체더치즈 1장
슬라이스 치즈 조금
김 1/4장

메뉴

새우 빵가루 구이
소시지 채소 볶음
고구마 견과 샐러드

새우 빵가루 구이

1 새우는 내장을 빼고 손질하여 청주를 넣고 조물거린 뒤 씻어서 물기를 제거한다.

2 새우에 마요네즈를 넣고 잘 버무린다.

3 빵가루에 가루 치즈, 허브 소금을 섞어 간을 한다.

4 새우에 빵가루를 골고루 입히고, 프라이팬에 올리브유를 두르고 앞뒤로 노릇하게 굽는다.

새우 10개, 청주 1큰술, 마요네즈 1큰술, 빵가루 양념(빵가루 4큰술, 가루 치즈 1큰술, 허브 소금 1작은술)

tip • '소시지 채소 볶음'에서 채소는 반드시 파프리카와 호박을 넣어야 하는 것은 아니예요. 집에 있는 자투리 채소를 이용해 주세요.

• 재료 중에 2가지 색의 치즈가 필요할 때는 우윳빛 슬라이스 치즈(어린이용), 노란빛 슬라이스 체더치즈를 사용했습니다.

유산지에 사슴벌레 그림을 그리고 테두리를 따라 자른다. 이미지를 프린트해서 이용하면 좋다.

김 위에 그림을 올리고 모양을 따라 자른다.

슬라이스 체더치즈 위에 2를 올리고 테두리를 따라 2mm 정도 여분을 두고 자른다.

빨대를 이용해서 슬라이스 치즈를 동그랗게 찍어내 눈을 만들고, 김으로 더 작게 눈동자를 만들어 장식한다.

집게발 아래에 눈을 붙인다.

소시지 채소 볶음

1 소시지는 어슷썰기를 한다.
2 파프리카와 호박은 한입 크기로 자른다.
3 프라이팬에 올리브유를 두르고 소시지와 채소를 볶다가 소금과 후춧가루, 굴소스로 간을 하여 마무리한다.

소시지 3개, 파프리카, 호박 조금, 소금 조금, 후춧가루 조금, 올리브유 적당량, 굴소스 1작은술

3장

씩씩한 도시락

01

로켓

만드는 재료

밥 1/3공기
슬라이스 치즈 1/2장
비엔나소시지 1개
당근 조금
김 조금
튀긴 스파게티 면 1가닥

메뉴

연어 미역 밥
미니 닭고기 햄버거
과일

연어 미역 밥

1 미역은 물에 불린 뒤 물기를 꼭 짜서 잘게 자른다.

2 밥에 미역과 연어 프레이크, 깨소금을 넣어 잘 섞는다.

3 도시락에 밥을 담고 김을 찢어 밥이 보이지 않게 꼼꼼히 덮는다.

밥 1공기, 연어 프레이크 1큰술, 건조 미역 1작은술, 깨소금 적당량, 김 1장

1

비닐 랩으로 흰밥을 싸서 길쭉한 물방울 형태로 만든다. 바닥 쪽은 평평하게 만든다.

2

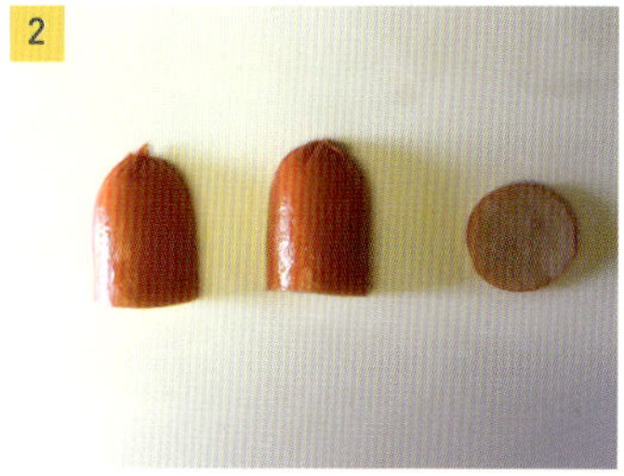

비엔나소시지를 3등분한다. 이때 가운뎃 조각은 1cm 두께로 동그랗게 자르고, 양쪽은 같은 길이가 되게 하여 세로로 반을 자른다.

3

비엔나소시지 2조각으로 날개를 만들고 스파게티 면으로 고정한다. 몸통 가운데에는 동그란 소시지를 올린다. 김을 잘라서 위쪽에 띠를 둘러준다.

4

로켓 아래쪽은 남은 소시지 2조각을 삼각형으로 잘라 붙인다.

5

연어 미역밥 도시락에 로켓을 올리고, 삶은 당근, 슬라이스 치즈를 별, 달 모양으로 찍어내어 장식한다.

미니 닭고기 햄버거

1 양파는 다져서 물 1/2작은술, 식용유 1/2작은술을 넣고 4~5분 익혀 식힌다.

2 새송이버섯은 잘게 다진다.

3 빵가루에 물 2큰술을 넣어 잘 섞는다.

4 다진 닭고기에 익힌 양파, 새송이버섯, 빵가루, 달걀, 간장, 소금, 후춧가루를 넣고 끈기가 생길 때까지 잘 치댄다.

5 한입 크기로 동그랗게 빚어 양면을 타지 않게 잘 굽는다.

6 기호에 따라 토마토케첩, 소스, 레몬 등을 곁들인다.

다진 닭고기(허벅지살) 350g, 새송이버섯 2개(큰 것), 양파 1/2개, 식용유 1/2작은술, 빵가루 1/2컵, 물 2큰술, 달걀 1개, 간장 1작은술, 소금 조금, 후춧가루 조금

02

유에프오와 우주인

만드는 재료

흰밥 1공기
슬라이스 치즈 조금
슬라이스 체더치즈 1/2장
슬라이스 햄 1장
비엔나소시지 3개
김 조금

메뉴

닭 안심 카레구이
달콤한 콩조림
과일

닭 안심 카레구이

1 닭 안심은 힘줄을 발라내고 물기를 닦아 전체적으로 밀가루를 뿌린다.

2 튀김옷 재료를 함께 잘 섞는다.

3 닭고기에 튀김옷을 묻혀서, 프라이팬에 기름을 2cm 정도 깊이로 넉넉히 넣은 뒤 중불에서 양면을 고루 익힌다.

4 기호에 따라 토마토케첩이나 마요네즈를 찍어 먹는다.

닭고기 안심 6개, 밀가루 적당량, 식용유 적당량, 토마토케첩(또는 마요네즈) 적당량, *튀김옷(밀가루 1컵, 카레가루 1작은술, 소금 적당량, 후춧가루 조금, 물 3/4컵)

tip • 사람과 동물의 눈 · 코 · 입은 김펀치를 이용해서 여러 가지 표정으로 표현해 보세요.

• 재료 중에 2가지 색의 치즈가 필요할 때는 우윳빛 슬라이스 치즈(어린이용), 노란빛 슬라이스 체더치즈를 사용했습니다.

달콤한 콩조림

1 건조 강낭콩은 살짝 헹궈 4배의 물을 넣어 하룻밤 불린다.

2 냄비에 물을 1리터를 붓고 콩을 넣어 강불에 끓으면, 중약불에서 30분 정도 더 삶는다. 위에 올라오는 거품은 수시로 걷어낸다.

3 콩이 적당히 부드러워지면 콩 위로 물이 2cm 정도 올라올 만큼 남기고 나머지는 버리고, 설탕과 소금을 넣어 가볍게 섞는다.

4 키친타월에 구멍을 몇 군데 뚫어 덮은 후 중약불에서 20분 정도 졸인다.

건조 강낭콩 250g, 물 2리터, 황설탕 200g, 소금 1/2작은술

1

유산지에 유에프오 그림을 그리고 테두리를 따라 자른다.

2

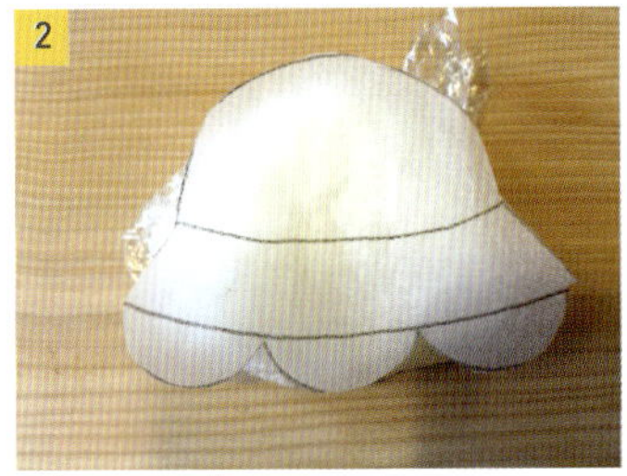

밥을 비닐 랩에 싸서 유에프오 그림을 올리고 모양을 만든다.

3

유에프오 그림의 가운데 부분을 잘라서, 슬라이스 체더치즈 위에 올리고 모양을 따라 자른다.

4

3을 슬라이스 햄 위에 올려 테두리를 따라 자르고, 김을 동그랗게 잘라 장식한다.

5

밥 위에 4를 올리고, 슬라이스 햄을 반달 모양으로 3개 잘라 밑부분을 장식한다.

6

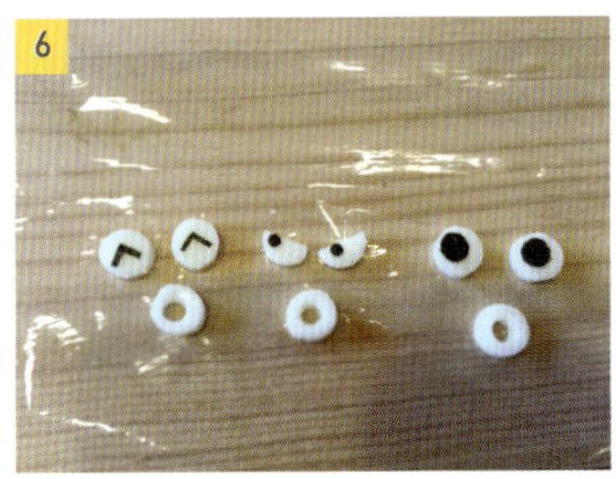

우주인

a 빨대를 이용해서 슬라이스 치즈로 우주인의 눈과 입을 만들고, 김으로 눈동자를 장식한다.

7

b 비엔나소시지는 적당한 크기로 한쪽 끝을 자르고 뜨거운 물에 살짝 데친다. 온기가 남아 있을 때 준비한 눈과 입을 붙인다.

8

우주인을 유에프오에 태우고 우주선 꼭대기에 동그란 픽 등을 꽂는다.

비행기

메뉴

소고기 굴소스 볶음
고구마 돼지고기 커틀릿
달걀 소보로

만드는 재료

슬라이스 치즈 1 1/2장
슬라이스 체더치즈 1/2장
슬라이스 햄 1장
게맛살 1개
김 조금

소고기 굴소스 볶음

1 피망과 양파는 5mm 두께로 썬다.
2 소고기는 먹기 좋은 크기로 자른 뒤 밑간 재료를 넣고 주무른다.
3 프라이팬에 기름을 두르고 밑간한 소고기를 볶는다. 소고기가 갈색으로 바뀌면 채소를 넣고 1분 정도 더 익힌다.
4 간장, 청주, 굴소스를 넣고, 마지막으로 참기름을 넣는다.

소고기 150g, 피망 2개, 양파 1/4개, 간장 1작은술, 청주 1작은술, 굴소스 1작은술, 참기름 1작은술, *밑간(감자 전분 2작은술, 청주 1작은술, 간장 1작은술)

tip 재료 중에 2가지 색의 치즈가 필요할 때는 우윳빛 슬라이스 치즈(어린이용), 노란빛 슬라이스 체더치즈를 사용했습니다.

고구마 돼지고기 커틀릿

1 고구마는 적당한 크기로 잘라 내열 용기에 담아 전자레인지에서 익힌 뒤, 부드럽게 으깬다.

2 양파는 다져서 전자레인지에 넣고 투명해질 때까지 익힌다.

3 돼지고기는 소금, 후춧가루로 간을 하여 볶는다.

4 1~3을 함께 넣어 잘 섞어서 한입 크기로 빚어, 밀가루, 달걀, 빵가루 순으로 튀김옷을 묻힌다.

5 프라이팬에 올리브유를 넉넉히 두르고 양면을 잘 굽는다.

다진 돼지고기 50g, 고구마 120g, 양파 1/8개, 소금 약간, 후춧가루 약간, 올리브유 적당량, 튀김옷(밀가루 적당량, 달걀 1개, 빵가루 적당량)

달걀 소보로

1 모든 재료를 함께 넣고 잘 섞는다.

2 잘 눌러 붙지 않는 프라이팬을 준비해 달걀물을 올리고 약불에 익힌다. 이때 나무젓가락을 이용해 휘저어 준다.

3 포슬포슬해지면 불을 끈다.

달걀 1개, 맛술 1/2큰술, 소금 조금, 우유 1/2큰

유산지에 비행기 그림을 그리고 테두리를 따라 자른다. 이미지를 프린트해서 이용하면 좋다.

슬라이스 치즈 위에 비행기 그림을 올리고 몸통, 날개, 꼬리를 각 테두리를 따라 자른다.

2를 슬라이스 햄 위에 자리를 잡는다.

비행기 그림의 앞 유리 부분 등을 김으로 만들어 장식한다.

게맛살의 빨간 부분만 벗겨내어 날개 옆쪽을 장식한다.

비행기 테두리를 따라 슬라이스 햄을 자르고, 슬라이스 체더치즈를 슬라이스 햄에 겹쳐 올리고 구름을 만들어 장식한다.

04

잠수함

만드는 재료

흰밥 1공기
김 1/4장
스팸 1조각
슬라이스 치즈 조금
슬라이스 체더치즈 조금
튀긴 스파게티 면 1가닥

중화풍 미트볼

1 양파는 다져서 소금을 쳐 30초 정도 주무른 뒤 전분을 섞는다.

2 돼지고기와 달걀을 함께 섞어 끈기가 생길 때까지 잘 치대다가 양파를 넣고 다시 한 번 치대서 먹기 좋은 크기로 동그랗게 빚는다.

3 달군 프라이팬에 기름을 넉넉하게(2cm 정도) 두르고 170도에서 양면을 잘 익힌다.

4 작은 냄비에 소스 재료를 모두 넣어 중불에서 잘 저으며 끈기가 생길 때까지 끓인다.

5 미트볼에 소스를 뿌린다.

다진 돼지고기 500g, 양파 1/2개, 달걀 1개, 소금 조금, 전분 2큰술, *소스(흑초 1/3컵, 생강 1개, 간장 2큰술, 설탕 2큰술, 전분 1큰술)

메뉴

중화풍 미트볼
풋콩 달걀말이
고구마 오렌지 조림

tip • '달걀말이'가 뜨거울 때 김발로 말아 모양을 잡으면 예쁜 모양을 만들 수 있어요.

• '달걀말이'를 할 때 과립 가쓰오부시 다시는 없으면 생략해도 괜찮아요.

• 재료 중에 2가지 색의 치즈가 필요할 때는 우윳빛 슬라이스 치즈(어린이용), 노란빛 슬라이스 체더치즈를 사용했습니다.

풋콩 달걀말이

1 모든 재료를 잘 섞는다.
2 달군 프라이팬에 기름을 두르고 약불에서 재료의 반만 넣는다.
3 전체적으로 익으면 돌돌 말고, 나머지 달걀물을 마저 붓는다. 이때 이미 말아 놓은 달걀 밑으로도 들어가게 해서 서로 분리되지 않게 한다.
4 두 번째 달걀물이 익으면 다시 한 번 말아준다.

달걀 2개, 풋콩 2큰술(소금물에 데친 것), 소금 적당량, 과립 가쓰오부시 다시(맛국물) 조금, 식물성 기름 적당량

고구마 오렌지 조림

1 고구마는 8mm 정도 두께로 자른다.
2 작은 냄비에 모든 재료를 넣고 고구마가 잠길 정도의 물을 붓고 고구마가 익을 때까지 조린다.

고구마 1개(작은 것), 꿀 1 1/2큰술, 오렌지즙 1큰술, 설탕 1큰술

1

밥의 분량 2/3를 조금 길쭉한 달걀 모양으로 뭉친다.

2

남은 밥을 반달 모양으로 만든 뒤 김으로 싸고, 비닐 랩으로 싸서 김과 밥이 잘 붙도록 잠시 놔둔다.

3

잠수경과 꼬리 부분은 5mm 두께로 자른 스팸으로 만든다.

4

잠수함의 몸통 아래쪽을 김으로 감싸고, 2를 장식한다. 잠수경과 꼬리는 스파게티 면으로 꽂아 고정한다.

5

체더치즈와 슬라이스 치즈로 창문을 만들어 장식한다.

05

배

메뉴

달걀 햄 샌드위치

새우 튀김

고구마 사과 샐러드

만드는 재료

식빵 2장

게맛살 1개

슬라이스 치즈 조금

슬라이스 체더치즈 1장

김 조금

달걀 햄 샌드위치

1 샌드위치 속

a 달걀은 삶아서 껍질을 까고 일회용 비닐봉지에 넣고 손으로 으깬다.

b 오이 피클은 잘게 다진다.

c 으깬 달걀, 오이 피클, 마요네즈, 소금, 후춧가루, 우유를 넣고 잘 섞는다.

2 식빵 안쪽에 버터를 얇게 바르고 햄, 샌드위치 속, 상추 순으로 올리고 식빵으로 덮는다.

3 샌드위치를 랩으로 씌워서 접시 등을 올려 잠시 두었다가 자른다.

식빵 2장, 슬라이스 햄 1장, 상추 1장 버터 적당량, *샌드위치 속(달걀 2개, 오이 피클 2개(작은 것), 소금 조금, 후춧가루 조금, 마요네즈 1큰술, 우유 2작은술)

tip 재료 중에 2가지 색의 치즈가 필요할 때는 우윳빛 슬라이스 치즈(어린이용), 노란빛 슬라이스 체더치즈를 사용했습니다.

새우 튀김

1 새우는 내장을 제거하고 껍질을 벗겨 물기를 제거하고, 소금, 후춧가루로 밑간을 한다.

2 달걀은 포크로 휘저어 잘 풀어 준다.

3 밀가루에 파슬리 가루를 섞는다.

4 새우에 밀가루, 달걀, 빵가루 순으로 튀김옷을 묻힌 뒤 170도로 달군 기름에 바삭하게 튀긴다.

새우 5마리, 소금 적당량, 후춧가루 적당량, 밀가루 적당량, 파슬리 가루 적당량, 빵가루 적당량, 달걀 1개, 식용유 적당량

고구마 사과 샐러드

1 고구마는 먹기 좋은 크기로 잘라 찐다.

2 사과는 먹기 좋은 크기로 자른다.

3 요거트와 마요네즈를 잘 섞어 소스를 만들어서 고구마, 사과, 건포도와 함께 잘 섞는다.

고구마 1/2개(중간 크기), 사과 1/4개, 건포도 1큰술, 요거트 40g, 마요네즈 1큰술

도시락 크기에 맞게 식빵 2장을 자른다. 타원형 도시락을 대고 자르면 정확하게 자를 수 있다. 한쪽 면은 도시락의 둥그런 모양이 나오게 해야 한다.

식빵 1장을 껍질 쪽으로 1/3을 잘라낸다.

2를 도시락에 담는다.

나머지 식빵 1개를 반달 모양으로 잘라 도시락 아래쪽에 겹쳐 올린다.

체더치즈를 직사각형으로 잘라 반달 모양 위에 붙이고, 김으로 창문을 만들어 장식한다.

게맛살을 빨간 부분만 벗겨내어 배 몸통에 둘러준다.

슬라이스 치즈로 구름 모양을 만들어 장식한다.

06

버스

메뉴

치킨 라이스
치즈 완두콩 춘권 튀김
아스파라거스 깨무침

만드는 재료

치킨라이스 1공기	게맛살 1개
달걀 1개	비엔나소시지 1개
슬라이스 치즈 조금	김 조금
슬라이스 햄 1장	스파게티 면 1가닥

치킨라이스

1 닭고기는 5mm 크기로 작게 자른다.
2 양파와 피망은 잘게 썬다.
3 프라이팬에 버터와 식용유를 두르고 닭고기, 양파, 피망 순으로 넣고 볶는다.
4 밥을 넣고 볶다가 토마토케첩, 소금, 후춧가루로 간을 한다. 마지막으로 간장을 넣는다.

밥 2공기, 닭고기 100g, 양파 1/2개, 피망 1/2개, 버터 10g, 식용유 조금, 토마토케첩 5큰술, 소금 조금, 후춧가루 조금, 간장 1작은술

tip '버스' 크기는 도시락에 맞춰서 조절하세요.

1

치킨 라이스를 비닐 랩으로 싸서 버스 모양이 되도록 만들어 밥이 식을 때까지 잠시 놔둔다.

2

달걀로 지단을 부쳐서 치킨 라이스를 싼 뒤, 비닐 랩으로 다시 싸서 모양이 흐트러지지 않게 고정한다.

3

창문 자리는 칼로 잘라내 밥알이 보이게 한다.

4

바퀴 부분은 소시지를 5mm 두께로 자르고, 조금 더 작은 크기로 김을 잘라 붙인다. 스파게티 면으로 바퀴를 고정시킨다.

5

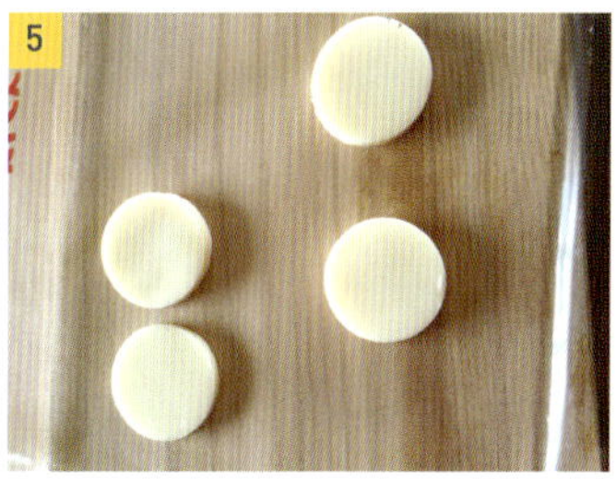

슬라이스 햄 위에 슬라이스 치즈를 얹고 동그란 틀로 찍어 승객 얼굴을 만든다.

6

김을 이용해서 승객의 눈, 입, 머리카락 등을 만들어 붙이고, 게맛살의 빨간 부분을 벗겨내어 버스 가운데에 둘러 주고, 슬라이스 치즈를 이용해 글자를 만들어 장식하다.

치즈 완두콩 춘권 튀김

1 냉동 믹스 채소는 미리 해동하여 물기를 제거한다.

2 춘권피에 냉동 믹스 채소와 치즈를 넣고 돌돌 만다.

3 프라이팬에 기름을 붓고 170도로 달구어 노릇하게 튀긴다.

4 춘권을 삼각형이 되게 반으로 자른다.

춘권피 3장, 냉동 믹스 채소(옥수수, 완두콩, 당근) 6큰술, 슬라이스 치즈(피자용) 3장, 식용유 적당량

아스파라거스 깨무침

1 아스파라거스의 뿌리 부분은 껍질을 벗겨서 끓는 물에 소금을 넣고 2분 정도 삶는다.

2 삶은 아스파라거스를 찬물에 헹궈서 물기를 제거하여 어슷썰기를 한다.

3 깨소금, 설탕, 간장, 맛술을 넣어 무친다.

아스파라거스 4~5개, 깨소금 2큰술, 설탕 1큰술, 간장 1큰술, 맛술 1작은술

07

기차

만드는 재료

프랭크소시지 1개
식빵 1장
비엔나소시지 2개
슬라이스 햄 1/2장
슬라이스 체더치즈 1/2장
슬라이스 치즈 1 1/2장
스파게티 면 1가닥

메뉴

토마토케첩 소스 치킨
치즈 달걀말이
달콤한 콩조림

토마토케첩 소스 치킨

1 닭고기
  a 닭고기를 한입 크기로 잘라 밑간 재료를 넣고 버무린 뒤 감자 전분을 묻힌다.
  b 프라이팬에 식용유를 넉넉하게 두르고, 닭고기 껍질 부분부터 굽는다.
2 토마토케첩 소스 재료를 모두 섞어 약불에서 끈기가 생길 때까지 저어 가며 끓인다.
3 닭고기에 소스를 넣고 재빨리 살짝 버무린다.

닭고기 허벅지살 300g, 감자 전분 적당량, 식용유 적당량, *밑간(다진 생강1작은술, 다진 마늘 1작은술, 소금 조금, 후춧가루 조금), *토마토케첩 소스(간장 1작은술, 술 1작은술, 설탕 1. 5작은술, 토마토케첩 1큰술, 식초 1 1/3큰술, 감자 전분 1/2작은술)

tip 재료 중에 2가지 색의 치즈가 필요할 때는 우윳빛 슬라이스 치즈(어린이용), 노란빛 슬라이스 체더치즈를 사용했습니다.

식빵은 밀방망이로 얇게 밀어 안쪽 면에 마요네즈를 얇게 바른 뒤 소시지를 넣고 돌돌 말아 비닐 랩으로 싸서 모양이 흐트러지지 않게 고정한다.

비엔나소시지를 5mm 정도 두께로 잘라 바퀴를 8개 만든다.

1의 빵을 반으로 자르고, 스파게티 면으로 소시지 바퀴를 고정시킨다.

체더치즈를 네모로 잘라 창문을 만들고 동물 픽을 꽂아 장식한다.

화물칸

a 슬라이스 치즈 1 1/2장을 이용한다. 1장은 4등분, 1/2장은 2등분한다. 2개 분량이다.

b 슬라이스 치즈들을 세워서 붙이고, 바닥도 붙여 화물칸을 만들고, 김을 돌려 가며 붙인다.

c 소시지로 만든 바퀴를 꽂는다.

치즈 달걀말이

1 달걀을 풀어 소금을 넣고 포크로 잘 저어 풀어준다.

2 약불로 달군 프라이팬에 식용유를 두르고 달걀물을 1/3분량만 넣는다. 달걀이 반 정도 익으면 치즈를 잘게 찢어 넣어 달걀을 돌돌 만다. 남은 달걀도 두 번에 걸쳐 넣어 같은 방법으로 돌돌 만다.

3 달걀말이가 완성되면 뜨거울 때 김발(또는 비닐 랩)에 싸서 모양을 다듬는다.

달걀 2개, 허브 소금 적당량, 슬라이스 체더치즈 1/2장, 식용유 적당량

4장

테마가 있는 도시락

01

축구

메뉴

마늘 닭고기 튀김

버섯 버터 구이

감자 채소 샐러드

만드는 재료

흰밥 1공기

김 1/4장

마늘 닭고기 튀김

1 닭고기는 여분의 기름과 힘줄 등을 제거하고 한입 크기로 자른다.

2 밑간 재료와 대파를 썰어 넣고 손으로 무친다.

3 달걀을 넣고 잘 섞이게 주물러서 냉장고에서 20분 이상 숙성시킨다.

4 냉장 숙성한 닭고기를 꺼내서 박력분과 전분을 섞은 가루를 골고루 묻힌다. 여분의 가루는 털어낸다.

5 프라이팬에 기름을 넣고 170도 온도에서 튀긴다.

닭고기 허벅지살 500~600g, 마늘 2쪽, 생강 1개, 대파 1/3개, 달걀 1개, 박력분 4큰술, 전분 4큰술, 식물성 기름 적당량, *밑간(간장 1.5큰술, 술 1.5큰술, 설탕 1작은술)

도시락 크기에 맞춰 주먹밥을 2개 만든다.

도시락에 유산지컵을 2개 넣고 안에 주먹밥을 넣는다.

김을 육각형으로 12개를 자른다.

주먹밥 위에 육각형 김을 붙여 축구공 무늬를 표현한다.

버섯 버터 구이

1. 새송이버섯은 1cm 크기로 자른다.
2. 프라이팬을 중불에서 달군 뒤 버터를 넣고 새송이버섯을 노릇하게 굽는다.
3. 간장을 조금 넣어 간을 하고 마지막으로 통후추를 뿌린다.

새송이버섯 1개, 버터 5g, 간장 조금, 통후추 조금

감자 채소 샐러드

1. 감자는 잘 씻어서 4등분하여 삶고, 감자가 뜨거울 때 으깨어 소금, 후춧가루, 설탕으로 간을 한다.
2. 당근은 세로로 십자형으로 자른 뒤, 부채 모양으로 얇게 잘라 살짝 데친다.
3. 오이는 얇게 잘라 소금에 살짝 절여서 물기를 꼭 짜고, 슬라이스 햄은 1cm 크기로 자른다.
4. 감자가 어느 정도 식으면 마요네즈를 넣고, 당근, 오이, 슬라이스 햄 등을 넣어 골고루 섞는다.

감자 1개, 당근 30g, 슬라이스 햄 2장, 오이 1/4개, 마요네즈 1큰술, 소금 적당량, 후춧가루 적당량, 설탕 1작은술

야구

만드는 재료

흰밥 1공기
비엔나소시지 1개
동그란 소시지 1개
게맛살 조금
김 조금

메뉴

피망 햄버거
당근 버터 볶음
버섯 베이컨 볶음

피망 햄버거

1 피망은 잘게 다진다.

2 양파는 잘게 다진 뒤 프라이팬에 식용유 1작은술을 넣고 투명해질 때까지 볶다가 피망을 넣어 다시 한 번 살짝 익혀서 식힌다.

3 다진 고기에 양념 재료를 넣고 끈기가 생길 정도로 치댄다.

4 양념한 고기에 2를 넣고 치대어서 지름 3cm 정도 크기로 빚는다.

5 프라이팬에 식용유를 두르고 약불에서 양면을 잘 굽는다.

다진 혼합육(돼지고기+소고기) 400g, 피망 1개, 양파 1/2개, 식용유 적당량, *고기 양념(달걀 1/2개, 빵가루 3큰술, 우유 3큰술, 소금 적당량, 후춧가루 적당량)

1 밥 1공기를 반으로 나누어 주먹밥 2개를 만든다.

2 게맛살의 빨간 부분만 벗겨내어 3mm 폭으로 길게 잘라 주먹밥 1개 위에 붙여 야구공의 무늬를 만든다.

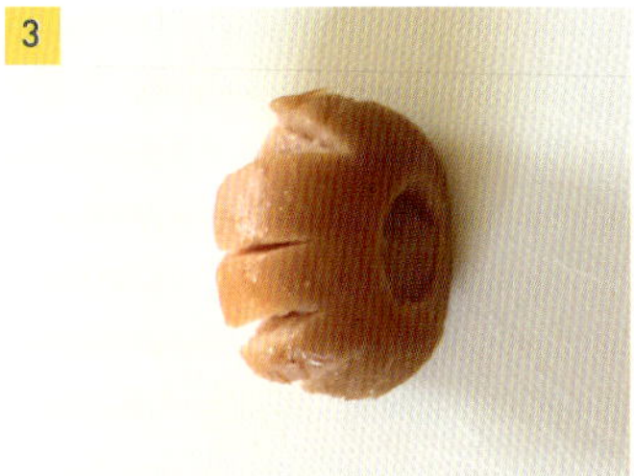

3 동그란 소시지를 야구 글로브 모양으로 잘라, 끓는 물에 한 번 데친다.

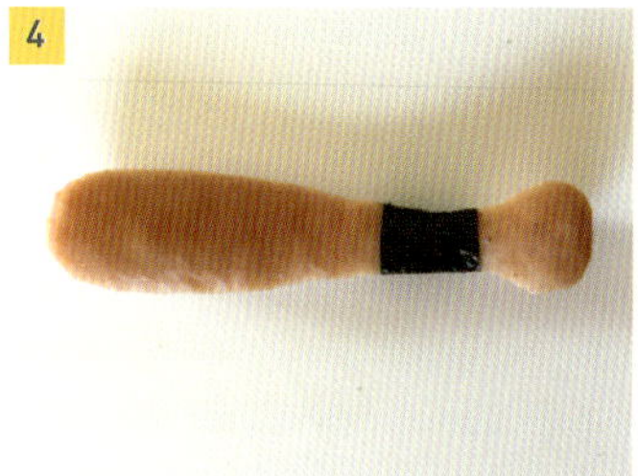

4 비엔나소시지는 세로로 반을 자른 뒤 야구 방망이 모양으로 자르고, 손잡이 부분에 김을 감아 마무리한다.

당근 버터 볶음

1 당근은 8mm 두께로 잘라 칼로 각진 모서리를 굴리 듯 잘라낸다.
2 냄비에 콩소메를 잘게 잘라 넣은 뒤 중불에서 익힌다.
3 당근을 넣고 익으면 버터, 설탕, 소금을 넣고 물기가 없어질 때까지 졸인다.

당근 1개(약 200g), 물 200ml, 고형 콩소메 1/2개, 버터 20g, 설탕 1/2큰술, 소금 조금

버섯 베이컨 볶음

1 버섯은 기둥을 자르고 먹기 좋은 크기로 자른다.
2 베이컨은 2cm 크기로 자르고, 마늘은 납작하게 편으로 썬다.
3 프라이팬에 올리브유를 두르고 마늘과 베이컨을 넣고 볶다가 버섯, 후춧가루를 넣어 볶는다. 버섯이 숨이 죽으면 간장을 넣고 마무리한다.

만송이버섯(또는 표고버섯) 200g, 베이컨 60g, 마늘 1쪽, 올리브유 1 1/2큰술, 후춧가루 적당량, 간장 1작은술

03

운동회 소년소녀

메뉴

매콤한 프라이드 치킨
새우 월남쌈
과일

만드는 재료

밥 1공기	*응원 술
달걀 1개	달걀 1개
김 1/4장	생크림 1큰술
게맛살 조금	소금 조금
슬라이스 햄 조금	튀긴 스파게티 면 1가닥

매콤한 프라이드 치킨

1 양념 재료를 모두 섞은 뒤, 적당한 크기로 자른 닭고기를 넣고 잘 골고루 섞는다. 냉장고에서 3시간 정도 숙성시킨다.

2 양념한 닭고기에 감자 전분을 충분히 묻히고 180도 기름에 튀긴다.

닭고기 400~500g, 감자 전분 적당량, 식용유 적당량, *양념(다진 마늘 1작은술, 다진 생강 작은술, 과립 비프스톡 1작은술, 허브 소금 적당량, 카레 가루 1작은술, 칠리 가루 1작은술, 청주 1큰술, 간장 1큰술)

1

밥을 뭉쳐 주먹밥을 2개 만든다.

2

김으로 여자아이 머리, 남자아이 머리카락을 만든다.

3

주먹밥에 머리카락을 붙이고, 비닐 랩으로 싸서 모양이 흐트러지지 않게 고정한다.

4

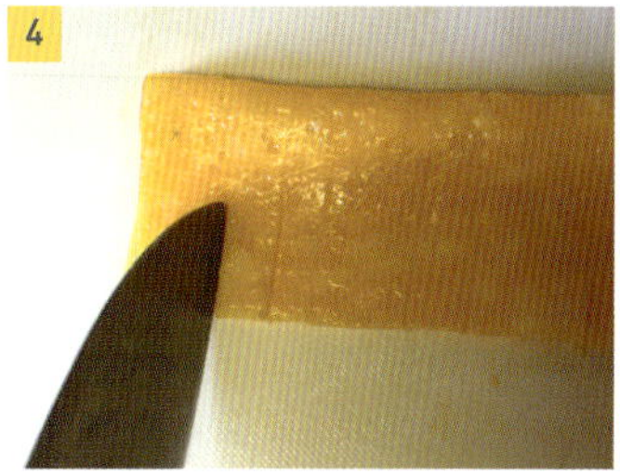

응원 술

a 재료를 모두 섞어 거품이 나지 않도록 잘 섞는다. 달걀물을 체에 거르면 지단 표면이 매끄럽다.

b 약불에서 얇게 지단을 부친다.

c 지단을 반으로 접어 접힌 쪽은 5mm 정도 남기고 칼집을 넣는다.

5

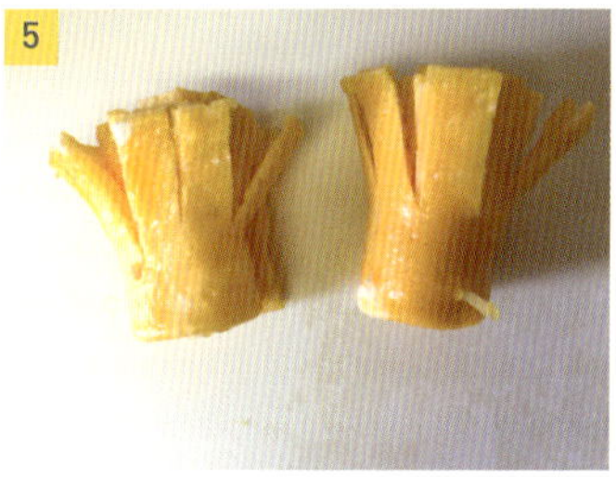

d 지단을 돌돌 말아 꽃 모양을 만들어 스파게티 면을 꽂아 고정한다.

6

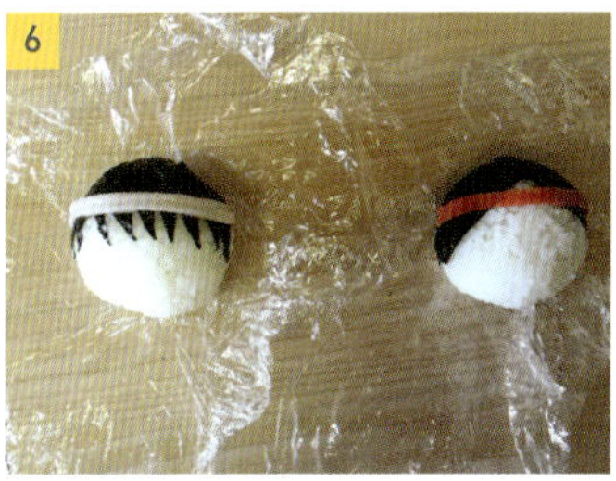

게맛살의 하얀 부분으로 남자아이 머리띠, 빨간 부분으로는 여자아이 머리띠를 만든다.

7

김으로 눈·코·입을 만들어 붙이고, 빨대를 이용해서 슬라이스 햄을 동그랗게 찍어내어 볼연지를 붙인다.

새우 월남쌈

1 새우는 삶은 뒤, 세로로 반으로 자른다.

2 숙주나물은 살짝 데친다.

3 상추는 4등분해서 적당한 크기로 찢고, 오이는 가늘게 채 썬다.

4 라이스 페이퍼를 물에 살짝 담갔다가 꺼내어 1~3의 재료를 넣고 잘 말아준다.

5 3등분으로 잘라 스위트 칠리 소스를 뿌린다.

라이스 페이퍼 4장, 깐 새우 4마리, 숙주나물 50g, 상추 2장, 오이 1/2개, 스위트 칠리 소스 적당량

04

아이 이니셜 우표

메뉴

고구마 검은깨 샐러드
옥수수 새우크림 커틀릿
아스파라거스 깨무침

만드는 재료

달걀 1개
슬라이스 치즈 1장
토마토케첩 1작은술
시금치 가루 1/2작은술
슬라이스 햄 1장

고구마 검은깨 샐러드

1 고구마는 삶아 껍질을 벗기고, 뜨거울 때 으깨어 버터를 넣고 버무린다.

2 으깬 고구마, 검은깨, 마요네즈, 소금을 함께 넣고 골고루 잘 섞는다.

고구마 200g, 버터 10g, 검은깨 1큰술, 마요네즈 2큰술, 소금 조금

유산지에 이니셜을 그리고 테두리를 따라 자른다. 이니셜을 프린트해서 이용하면 좋다.

달걀을 풀어 셋으로 나눈다. 각 달걀 지단, 달걀+토마토케첩 지단, 달걀+시금치 가루 지단을 부쳐서 세 가지 색을 준비한다.

색색의 지단 위에 이니셜 그림을 올리고 테두리를 따라 자른다.

슬라이스 치즈를 가로 2.5cm, 세로 3cm 크기로 3개를 만든다.

치즈의 테두리는 작은 빨대로 찍어 우표 재단선 모양을 표현한다.

5의 위에 3의 이니셜을 올린다.

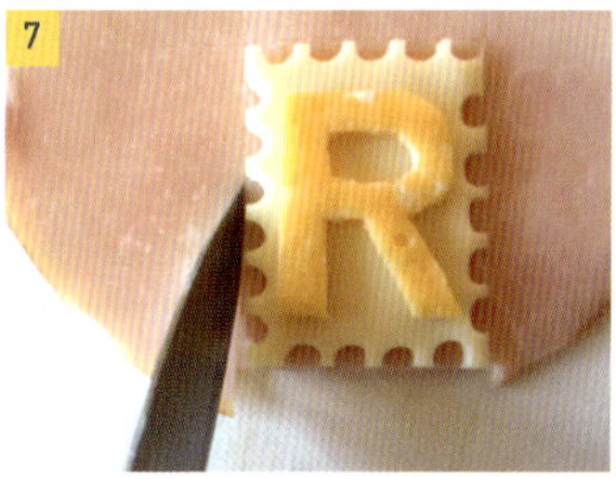

마지막으로 슬라이스 햄 위에 올리고 여분의 햄을 잘라낸다.

옥수수 새우크림 커틀릿

1 새우 반죽
   a 양파는 잘게 다지고, 새우는 깨끗이 씻어 잘게 자른다.
   b 프라이팬을 달구어 약불에서 식용유를 두르고 양파를 볶다 투명해지면 새우를 넣어 볶는다.
   c 버터를 넣어 녹이고 박력분을 넣어 섞는다. 타지 않도록 조심하며 약불에서 1~2분 볶다가 우유를 조금씩 부으면서 부드럽게 풀리도록 잘 젓는다.
   d 옥수수를 넣고 다진 비프스톡, 소금, 후춧가루를 넣어 간을 한다.
   e 평평한 그릇에 담아 식힌 뒤 뚜껑을 닫아 냉장고에 하룻밤 넣어 숙성한다.

2 밀가루, 달걀, 물을 넣어 튀김옷을 만든다.

3 먹기 좋은 크기로 빚은 새우 반죽에 2를 묻히고 마지막으로 빵가루를 묻혀서 170도의 기름에서 노릇하게 튀긴다.

깐 새우 50g, 양파 1/8개, 옥수수 3큰술, 버터 20g, 박력분 2. 5큰술, 우유 200ml, 비프스톡 적당량, 소금 조금, 후춧가루 조금, *튀김옷(달걀 1/2개, 박력분 밀가루 2 1/2큰술, 물 25ml, 빵가루 적당량)

05

할로윈 잭

만드는 재료

밥 1공기
슬라이스 치즈 1장
슬라이스 체더치즈 조금
김 조금

메뉴

춘권말이
감자 명란 마요네즈 무침
달걀조림

춘권말이

1 춘권 속
   a 돼지고기, 죽순, 파는 가늘게 채를 썬다.
   b 나머지 속 재료를 모두 넣어 잘 섞는다.
2 춘권피에 속을 넣고 잘 싼다.
3 프라이팬에 기름을 붓고 160도로 달구어 바삭하게 튀긴다.

춘권피 6장, 식용유 적당량, *춘권 속 (돼지고기 로스(얇게 썬 것) 150g, 삶은 죽순(또는 연근) 100g, 파 1/3대, 감자 전분 1큰술, 소금, 후춧가루 조금, 간장 1큰술, 설탕 2작은술)

tip • '춘권말이'는 냉동 보관하면 1달 정도 두었다가 먹을 수 있어요.

• 재료 중에 2가지 색의 치즈가 필요할 때는 우윳빛 슬라이스 치즈(어린이용), 노란빛 슬라이스 체더치즈를 사용했습니다

감자 명란 마요네즈 무침

1 명란젓에 마요네즈를 넣고 섞는다.
2 감자는 삶아서 뜨거울 때 껍질을 벗기고 한입 크기로 자른다.
3 감자가 뜨거울 때 치즈와 후춧가루를 넣어 버무린다.
4 감자에 1을 넣어 잘 섞는다.

감자 3개(작은 것), 후춧가루 조금, 슬라이스 치즈 1장, 명란젓 60g, 마요네즈 2작은술

달걀조림

1 달걀은 굴리며 삶아서 껍데기를 벗긴다.
2 조림액 재료를 모두 넣고 끓인다. 처음에 센불에서 끓이고, 끓어오르면 약불에서 10분 정도 조린다.
3 조림액에 달걀을 넣고 식힌 뒤 냉장고에 보관한다.

달걀 10개, *조림액(마늘 5개, 다시마 2조각, 말린 표고버섯 2개, 가쓰오부시 한 줌, 간장 5큰술, 물 2컵, 설탕 1큰술, 맛술 1큰술, 매실청(또는 올리고당) 1큰술, 참기름 1큰술)

1 밥 1공기를 뭉쳐서 주먹밥을 만든다.

2 김으로 눈과 코를 만들어 붙인다. 입은 가늘게 자른 김으로 길게 붙이고, 세로로도 짧게 간격을 두고 붙이면 익살스러운 잭 캐릭터의 얼굴이 된다.

3 유산지에 박쥐와 고깔모자 그림을 그려서 자른다.

4 김 위에 박쥐와 고깔모자 그림을 올리고 테두리를 따라 자른다.

5 4의 박쥐 김을 슬라이스 치즈 위에 올려 이쑤시개로 테두리를 따라 자른다.

6 고깔모자 김도 슬라이스 치즈 위에 올려 아래쪽을 김보다 크게 치즈 색이 보이게 자르고, 아래에 다시 김으로 띠를 둘러 준다.